Bei De Renshi Jiaoxue Yanjiu

倍的认识

教学研究

晁艳玲 著

浙江工商大学出版社 | 杭州
ZHEJIANG GONGSHANG UNIVERSITY PRESS

图书在版编目(CIP)数据

倍的认识教学研究 / 晁艳玲著. —杭州：浙江工
商大学出版社，2022.12
ISBN 978-7-5178-5107-3

Ⅰ. ①倍… Ⅱ. ①晁… Ⅲ. ①小学数学课－教学研究
Ⅳ. ①G623.502

中国版本图书馆 CIP 数据核字(2022)第 159869 号

倍的认识教学研究

BEI DE RENSHI JIAOXUE YANJIU

晁艳玲 著

责任编辑	杨凌灵
责任校对	夏湘娣
封面设计	朱嘉怡
责任印制	包建辉
出版发行	浙江工商大学出版社
	(杭州市教工路 198 号　邮政编码 310012)
	(E-mail:zjgsupress@163.com)
	(网址:http://www.zjgsupress.com)
	电话:0571－88904980,88831806(传真)
排　　版	杭州朝曦图文设计有限公司
印　　刷	杭州高腾印务有限公司
开　　本	787mm×1092mm　1/16
印　　张	11.5
字　　数	273 千
版 印 次	2022 年 12 月第 1 版　2022 年 12 月第 1 次印刷
书　　号	ISBN 978-7-5178-5107-3
定　　价	30.00 元

序

　　一课研究团队在 2014 年 1 月出版了"一课研究丛书·图形与几何系列",丛书受到了广大读者的欢迎。2014 年 7 月,一课研究团队的骨干教师人数由原来的不到一百人,增加到了三百多人,团队成员通过线上线下的反复研讨,终于在 2017 年 12 月,开始出版"一课研究丛书·数与代数系列"了。这标志着一课研究团队又将在"数与代数系列"上开启新的征程,团队成员将陆续出版自己的专著,与广大读者交流、切磋,以期小学数学教学改革更加深入。

　　为什么要编写这套"一课研究"丛书? 编写"一课研究"丛书,主要目的是试图减轻一线老师备课、上课、研究课的工作负担;有效促进教师的专业发展;试图给小学数学教学研究者提供启示。如果问:如何真正促进数学教师的专业发展? 有人可能会回答说,要"实践—认识—再实践—再认识"。说得很正确,但任何一个专业要发展都应该如此。也有人说,要"多读书,多交流"。说得很对,但这对所有专业的发展都管用。还有人说,要"多实践,多反思"。说得也很有道理,但没有数学教师专业发展的特点。而我们认为,通过数学课例研究,促进专业发展——这是具有数学教师职业特点的专业发展之路。数学教师主要通过一节一节课的教学体现出自己的专业水平,学生主要通过一节一节数学课的学习而成长。可见,对一节一节课进行研究的重要性怎么强调都不会过分。数学教师通过一节一节课的研究定能提高自己的专业水准,而研究出的成果又可以让同行分享,并有可能减轻同行的工作负担。正是基于上面的这些想法,我们才花比较多的时间与精力编写这套丛书,希望同行们能够从中得到一些启迪。

　　主要从哪些方面对一节课展开研究? 顾名思义,"一课研究"丛书是对一节课的系列研究,其中的每本书都是围绕小学数学教学中某一领域的一节课(或几节相关的课)进行多视角的系统研究而形成的。研究的内容主要根据"教师的教、学生的学"的需要来选择,主要维度如下。

　　1. 数学知识维度。 数学教师要上好一节课,就应该比学生知道更多关于这节课的数学知识,即"上位数学知识"(或称本体性知识)。它是指超越了小学数学一节课的内容,在初中、高中(或中等师范学校)以及大学数学中出现的相关知识。很显然,没有上位数学知识,老师是无法上好一节课的,但只有上位数学知识也远远不够,还必须能够从中获得教学的启示。也就是说,要把围绕一节课的上位数学知识与小学数学紧密结合,指导小学数学教学。这一维度的研究主要解决老师在知识上的"一桶水"问题。

　　2. 课程标准维度。 从理论上说,一个老师有了数学知识以后,首先要关注的就是课程标准。这是因为数学课程标准是一个规定了数学学科的课程性质、目标、内容和实施建议的教学指导性文件。对一节课展开研究应该从最高的纲领性文件入手,明确这节课的目标定位。对丛书中所涉及的每一节课,作者都查阅了自 20 世纪初到现在的一百多年中,大部分的数学课程标准(或教学大纲),从标准的视角,展现出一节课的历史沿革过程,以及从中获得的启示。

3. **教材比较维度**。数学教材为学生学习一节课的内容提供了基本线索和知识结构,它是重要的数学课程资源。丛书对一节课的教材从多个角度进行比较研究。从时间的角度看,进行了纵向与横向的比较研究:纵向比较研究是对不同时期出版的教材进行比较,特别是对同一个出版社或同一个主编不同时期编写的教材进行多角度比较,从历史的沿革中感悟一节课不同时期教材的编写特点;横向比较研究是对同一时期出版的多种不同版本教材进行比较。从地域的角度看,进行了国内外教材的比较。教材比较研究可以帮助上这节课的教师开阔视野,找到更多有价值的课程资源。

4. **理论指导维度**。我们知道,没有实践的理论是空虚的,没有理论的实践是盲目的。要上好一节课,自然需要理论的指导。奇怪的是我们虽然有许多的教育理论,但要真正系统地指导一节课的时候,特别是要指导一节课进入实践操作时,却又常常是困难的。丛书在数学教育理论指导课堂教学方面做了探索,努力做到让理论进入课堂教学实践,使得实践者能够真正感受到理论的力量。

5. **学生起点维度**。学生是学习的主体,要进行一节课的教学,自然要研究学生的起点。丛书不仅阐述了了解学生起点的方法,而且还围绕一节课的学习,对学生起点情况进行分析与研究,以便更好地进行教学设计。

6. **教学设计维度**。有了上述五个维度的研究后,我们就可以进入教学设计的研究维度。丛书首先对一节课的教学设计进行综述,就是对散见在多种重要杂志和专著上的教学设计成果进行整理(比如,查阅《小学数学教师》《小学教学》《小学教学设计》《教学月刊》等刊物自创刊以来的全部内容),明确这节课迄今为止能够查阅到的所有研究成果。然后再根据学生的情况和多个不同的角度设计出新的教学过程。这些新的教学设计都是经过课堂教学实践的,可以直接为一线老师所用。

7. **课堂教学维度**。有了教学设计就可以进入课堂教学研究。这一维度主要是对一节课进行课堂教学的观察与评价。丛书将阐述如何从多个角度了解教师与学生的情况,如何对教师的教与学生的学进行观察与评价。

8. **课后评价维度**。课后评价维度是指在学生学习了一节课以后,对学生的学习情况进行了解与评价。丛书主要从多角度对学生的学习情况进行测评,包括如何进行课后测查与访谈,如何对学生容易掌握的内容和容易出错的地方进行调查与研究,等等。

丛书中每本书的作者会根据课的具体内容与特点有所侧重地选择全部或部分维度展开研究。不同的作者在写作风格上也可能略有不同,所以每本书既有自己的个性又有丛书的共性。

由于水平所限,丛书中一定存在许多不足甚至错误,敬请读者批评指正。

朱乐平

2022 年 8 月于杭州

目 录
CONTENTS

1 上位数学知识研究

"倍的认识"是小学数学"数与代数"教学的重要内容之一,是小学数学中两个量之间比率关系学习的伊始,是学生的认知结构从"加法结构"到"乘法结构"发生"质"的变化的第一次机会。学生学习"倍的认识"之前,我们不妨先思考以下问题。

什么是"倍"?

"倍"的前概念有哪些?

"倍"与小学后续学习的哪些概念有着密切的联系?

为什么说"倍"是从"加法结构"到"乘法结构"的转变?

"倍"与"倍数"有何区别?

数学上的"倍"与生活中的"倍"一样吗?

"倍"是单位名称吗?

厘清这些问题,有利于我们更好地教学"倍的认识",这就需要我们在教学"倍的认识"之前,先研究"倍"的上位数学知识。

1.1 上位数学知识解读

1.1.1 倍

《现代汉语词典》中关于"倍"的解释:① 量 跟原数相等的数,某数的几倍就是用几乘某数:二的五倍是十。②加倍:倍增、事半功倍。

两种解释都是以"原数"为标准,但含义不同。解释①从乘法的角度解释"倍"的含义,这里的"倍"为"原数的乘数";解释②中的"倍"表示增加跟原有数量相等的数量。

《辞海》中关于"倍"的解释:①照原数增加。《墨子·经上》:"倍,为二也。"孙诒让间诂引毕沅云:"倍之是为二。"又引杨保彝云:"即加一倍算法。"按,加一倍算法即照原数加一次,三以上的倍数则为原数的乘数。②加倍;愈加……

两种解释都有"扩大"的意思。可以看出,在古代,"倍"是"以原数作为基础,并以其为单位加以扩大的一种计数方法"。解释①中的"1倍""2倍"的用法不同于数学中的"1倍"和"2倍",解释②中的"倍"与《现代汉语词典》中的解释②相同。

现行小学数学教材都没有对"倍"下定义,而是借助具体的情境描述两个量之间的倍数关系,通过具体的数学活动让学生体会"倍"的含义。如图 1-1、1-2、1-3、1-4 所示。

图 1-1　人教版第五册第 50 页例题

图 1-2　北师大版第三册第 70 页例题

还可以这样比较黄花和蓝花的朵数:

蓝花有 2 朵,黄花有 3 个 2 朵,黄花的朵数是蓝花的 3 倍。

图 1-3　苏教版第五册第 4 页例题

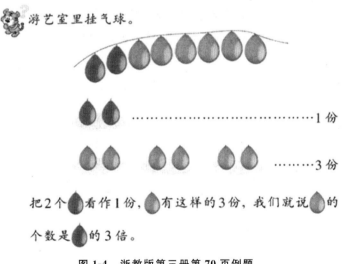

把 2 个 ⬤ 看作 1 份, ⬤ 有这样的 3 份,我们就说 ⬤ 的

个数是 ⬤ 的 3 倍。

图 1-4　浙教版第三册第 70 页例题

从现行的小学数学教材可以看出,"倍"是在比较中产生的。两个量进行比较,以其中的一个量为标准,另一个量里包含了几个标准就是它的几倍。显然,"倍"表示的是两个量之间的比率关系。

这里需要说明的是,教材中呈现的都是以两个量中较小的数量为标准进行比较得出的倍数关系。事实上,两个量在进行比较时,较小的数量和较大的数量都可以作为标准。如胡萝卜2根,白萝卜10根;如果以胡萝卜的根数为标准进行比较,就会得出,白萝卜的根数是胡萝卜的5倍(比率是5);如果以白萝卜的根数为标准进行比较,就会得出,胡萝卜的根数是白萝卜的 $\frac{1}{5}$ 倍或0.2倍(比率是 $\frac{1}{5}$)。

不过,在小学阶段学习"倍",当比率小于1的时候,我们一般不用"倍"来表示两者之间的倍数关系。如上面的例子,我们一般不说胡萝卜的根数是白萝卜的 $\frac{1}{5}$ 倍或0.2倍,而是习惯说胡萝卜的根数是白萝卜的 $\frac{1}{5}$ 或20%。

1.1.2 "倍"的前概念

"倍"产生于量与量之间的比较,但它体现的是两个数量之间相对大小的比较。比较两个量之间的倍数关系时,常常是把标准量"1个几"看作"1份",来判断比较量中有这样的"几份",即有"几个几",所以,"份"与"几个几"是"倍"的前概念。教学中,沟通"几倍"与"几份""几个几"之间的联系尤为重要。

这里要特别注意的是"份"这一概念,它在整个小学数学学习中有着非常重要的作用,"份"的概念是学生学习乘法、除法、倍、分数、比等知识的基础。学习乘法,可以将"相同加数"与"每份的数量(1份数)"、"相同加数的个数"与"份数"建立联系,学生初步感知"几个几"中的前一个"几"表示的是份数,后一个"几"表示的是每份的数量;学习除法,可以将"把一个数平均分成几份,求每份是多少"与"总数量÷份数=1份数"、"求一个数里面有几个另一个数"与"总数量÷1份数=份数"建立联系;学习倍,需要把"几倍"与"几份""几个几"建立联系,把标准量"1个几"看作1份,比较量里有这样的几份(即"几个几"),比较量就是标准量的几倍;学习分数,分数概念的建立更是离不开"份",把单位"1"平均分成若干份,表示这样的一份或者几份(大小)的数,叫作分数;学习比,两个或两个以上同类量之间的数量比,实质上就是它们之间的份数比。

特级教师马芯兰老师认为,教学中,怎么重视"份"这个概念都不为过,要以"份"的概念为核心建立良好的认知结构(见图1-5)。

图 1-5 以"份"为核心概念的知识网络图

学习"倍"之前,学生已经学习了乘法的初步认识,知道"求几个几,可以用乘法计算",比如求 3 个 4,可以列式 3×4 或 4×3。学生还学习了除法的初步认识,知道"求一个数里面有几个另一个数,用除法计算"。已经学习的这些内容对学生认识"倍"起着关键作用,它们使学生在学习"倍"之前,具备了一定的认知基础和知识基础。

1.1.3 "倍"与"分数""比""百分数"的联系

小学阶段比较两个数量大小的时候,有两种基本的方法。一种是比较它们的差距关系(相差问题),一种是比较它们的比率关系(倍比问题)。即一种是绝对量的大小比较,用减法可得出一个量比另一个量多(少)多少。如 10 根白萝卜和 2 根胡萝卜进行比较,白萝卜与胡萝卜的差距是 10−2＝8(根),可以说"白萝卜的根数比胡萝卜多 8 根"或"胡萝卜的根数比白萝卜少 8 根"。一种是相对量的大小比较,用除法可得出两个量之间的比率关系。还以 10 根白萝卜和 2 根胡萝卜为例,10÷2＝5,2÷10＝0.2($\frac{1}{5}$ 或 20%),可以说"白萝卜的根数是胡萝卜的 5 倍",或者说"胡萝卜的根数是白萝卜的 0.2 倍""胡萝卜的根数是白萝卜的 $\frac{1}{5}$""胡萝卜的根数是白萝卜的 20%"。

倍的本质是两个数量在相互比较,一个量里包含了几个另一个量就是它的几倍,即以一个量为标准,另一个量里有几个标准就是它的几倍。如在上面的例子中,以 2 根胡萝卜作为标准,白萝卜里面有 5 个 2 根,也就是有 5 个标准,那么白萝卜的根数就是胡萝卜的 5 倍。

分数具有两种不同的意义。一种是表示量的大小,这时或者是分数单位,或者是分数单位的整数倍。一种是表示量数(也就是"率")。"量数"是以一个量为基准量(也就是"分数单位")去度量另一个量所得的结果,它是描述两个量的"倍比关系"的一个数(自然数或分数),表示一个量是另一个量的几分之几。如在上面的例子中,胡萝卜的根数是白萝卜的 $\frac{1}{5}$。

比的概念是比较两个同类量之间的倍数关系而产生的,后来推广到两个不同类量的比。比的本质是"比较"关系。"两个量 a、b,如果以 b 为单位去衡量 a,称 a 和 b 之间有关系 a 比 b,记作 $a:b$"。小学数学里,"比"是专有名词,意为倍数之比。两个同类量之间的一种倍数关系,称为这两个同类量的比。用倍数比较大小,表明两个量之间存在着"比关系"。如白萝卜的根数和胡萝卜的根数进行比较,白萝卜的根数是胡萝卜的 5 倍,说明白萝卜和胡萝卜的数量之比是 5:1。

百分数是一种特殊的分数,表示的是一个数是另一个数的百分之几,又叫百分比或百分率。如一杯糖水的含糖率是 30%,这里的 30% 表示糖的质量占糖水质量的 30%。由此可以得知,糖与糖水的比率是 30%,糖与糖水的比是 3:10(化成最简比),糖水是糖的 $\frac{10}{3}$ 倍等。百分数是分数的比率的意义在生活中应用的特殊例子,表达的是两个数量之间的倍数关系。

由此可以看出,"分数"(表示率)"比""百分数"与"倍"有着密切的联系。倍、分数(表示率)、比、百分数这些概念的本质都是研究两个量之间的"比率"关系。

表1-1呈现了这些概念在小学阶段编排的学习顺序(以2022年人教版教材为例)。

表 1-1　小学阶段内容编排

册数	内容
三年级上册	倍的认识
三年级上册	分数的初步认识
五年级上册	分数的意义和性质
六年级上册	比
六年级上册	百分数

从表1-1可以看出,在小学的数学学习中,学生先认识"倍",然后才学习"分数""比""百分数"。倍是这几个概念中学生最早学习的一个概念,是学生第一次学习两个数量之间的"比率"关系。所以说,在小学的数学学习中,"倍"概念是后续学习"分数(表示率)""比""百分数"这些概念的基础。

1.1.4 "倍"是从"加法结构"到"乘法结构"的转变

孙昌识和姚平子认为,儿童数学认知结构是儿童掌握数学知识后,在头脑中建立相应的心理结构。数学认知结构所含的心理成分有数学概念系统、表征系统和相应的加工系统(加工机制)。小学生的数学认知结构主要是加法结构和乘法结构,而乘法结构是在加法结构基础上产生的高层次的数学认知结构。

加法结构是一个概念域,是以加法、减法概念为核心的概念体系,是多种数学概念(被减数、减数、差数、部分数、总数等)围绕加减法概念形成的联结网络。

乘法结构是一个概念体系,基本概念是乘法和除法,与之相关的有倍、最大公因数、最小公倍数、运算规律甚至面积、体积、表面积、速度等概念和定律。儿童乘法认知结构中的数学概念体系是按照整数—分数—比例的顺序依次建构的,学生第一次接触比率是学习"整数倍",然后依次学习小数倍、分数(表示率)、比、百分数。

乘法结构是心理学家吉尔德·维格诺德提出的,吉尔德·维格诺德认为乘法结构可以分为三个子结构,即度量同构、量度的积和非积的复合比例。在乘法结构中,度量同构是基础,倍属于度量同构这一子结构。

吉尔德·维格诺德认为度量同构这种结构由两个测量空间 M_1 和 M_2 之间的简单正比例关系组成。它可以描述大量的日常生活和工作情景,诸如分配、价格、平均速度、平均密度等。

基本的度量同构可以包括四类问题。

①②③类问题见图1-6。

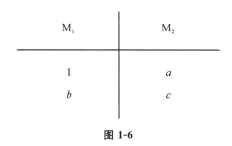

图 1-6

①乘法,当 c 为未知时(a、b 为已知)。

②一类除法,当 a 为未知时(b、c 为已知)。

③二类除法,当 b 为未知时(a、c 为已知)。

④按比例计算(见图 1-7):

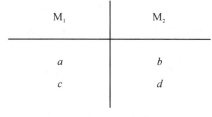

图 1-7

在图 1-7 中已知三项,求第四项。当然这类问题也可以通过非比例程序去解。

学生在学习"倍"之前,头脑中建构的是"加法结构",是数量的合并与多少的比较。虽然已经学习了乘法的初步认识,但乘法的初步认识建立于特殊的加法之上,是一个量重复累加的过程,本质上仍是"加法结构"。而"倍"研究的不是一个量重复累加的过程,是两个量之间的"比率"关系。学习"倍",学生的认知结构要经历从"加法结构"到"乘法结构"的转变,这种转变是一次"质"的变化。

1.2　上位数学知识对教学的启示

1.2.1　易混淆的概念与易错的表达

◎生活中的"倍"与数学中的"倍"

日常生活中,"倍"的用法受古代对"倍"的使用的影响,有时指"加倍",即"以原数作为基础,并以其为单位加以扩大的一种计数方法"。这与数学中的"倍"是不同的。这里以"1 倍"为例加以说明,数学上的"1 倍",指与原数相等。而日常概念中的"1 倍",有时指加"1 倍",即原数的 2 倍。如下面的案例。

这是一起诉讼案。杭州刘女士把别墅出租给陆先生,双方约定月租金 9167 元,租期一年。后来陆先生提出退租,刘女士同意。按双方当时签订的租房协议,房客中途退租,应按"月租金的 1 倍"向房东支付违约金。但是,在结算时,两人对"月租金的 1 倍"产生了分歧。房东刘女士说,"月租金的 1 倍"是指两个月的房租,即 9167 元＋9167 元＝18334 元。而陆先生认为，"月租金的 1 倍"就是 1 个月的房租：9167 元。两人僵持不下。刘女士强行从陆先生当初交的房租预付款中，扣下 18334 元作为违约金。陆先生不服，将房东刘女士告到法院。一审法院的判决是 1 倍＝原数×1，即 9167 元。一审法院认为，根据《现代汉语词典》的解释，"倍"是指跟原数相等的数，某数的几倍就是用几乘某数。故本案中的"月租金的 1 倍"，从词义上，应理解为一个月的房租。房客中途退租，应多支付房东一个月的租金作为违约金。房东刘女士辩称，双方对合同条款的理解有争议，应按交易习惯来确定合同的真实意思。法院认为，刘女士没有提供有效证据证明"月租金的 1 倍"，就是两个月的租金。刘女士的主张不予采信。房东刘女士不服，向杭州市中级人民法院提起上诉。二审法院的判决是 1 倍＝原数×2，即 18334 元。二审法院的主要参照依据也是《现代汉语词典》。判决书说，因《现代汉语词典》关于"倍"的解释有两种，依照词典进行文义解释，并不能得出单一的结论。判决书又说，对"月租金的 1 倍"的正确理解，只能通过探究双方当事人在制定合同时的初衷，并结合词典中的合理文义解释而得出。法院审理后，依据合同中其他条款的约定（如果房客超期居住，每超期一天，应支付"日租金"的两倍给房东），再结合《现代汉语词典》中"倍"有加倍的解释，确定合同中的"1 倍违约金"为两个月的租金。于是二审法院做出以下的终审判决：撤销一审判决，驳回房客陆先生的诉讼请求。依据判决，陆先生的违约金就要支付 18334 元。（来源：《都市快报》2006 年 9 月 23 日。）

◎倍与倍数

"倍"和"倍数"是两个不同的概念。

关于"倍数"，《数学词典》这样解释：如果整数 a 能被整数 b 整除，即存在一个整数 q，使得 $a＝bq$，则 a 称为 b 和 q 的倍数，b 和 q 都称为 a 的一个约数，亦称因数或因子。

《数学词典》中关于"整除"的释义①：两个整数 a、$b(b≠0)$，若有一个整数 q，使得 $a＝bq$，则称 b 整除 a，或 a 被 b 整除，记作 $b|a$。

人民教育出版社 2013 年出版的义务教育教科书《数学》五年级下册这样定义"倍数"：在整数除法中，如果商是整数而没有余数，我们就说被除数是除数的倍数，除数是被除数的因数。例如，12÷2＝6，我们就说 12 是 2 的倍数，2 是 12 的因数。注意：为了方便，在研究因数和倍数的时候，我们所说的数指的是自然数（一般不包括 0）。

从上述定义可以看出，倍数表示能被某一自然数（不为 0）整除的数，这个数是不为 0 的自然数，不能是分数和小数，而且倍数不能单独存在，它与因数是两个相互依存的概念。而"倍"表示的是两个数之间的比率关系，是两个数相除所得的商，这个商可以是不为 0 的自然数，也可以是小数和分数。

我们还发现，具有"因数与倍数"关系的两个数都是不为 0 的自然数，而具有"倍"关系的两个数可以是不为 0 的自然数，也可以是分数和小数。如在上面的例子 12÷2＝6 中，我们既可以说 12 是 2 的倍数，还可以说 12 是 2 的 6 倍。但在 1.2÷0.2＝6 中，我们只能说 1.2 是 0.2 的 6 倍，不能说 1.2 是 0.2 的倍数。再如 8÷5＝1.6，$8÷5＝1\frac{3}{5}$，我们可以说 8 是 5

的 1.6 倍，8 是 5 的 1$\frac{3}{5}$ 倍，但不能说 8 是 5 的倍数。

虽然"倍"与"倍数"是两个不同的概念，但人们在分析与倍有关的数量关系时，如胡萝卜有 2 根，白萝卜的根数是胡萝卜的 5 倍，白萝卜有多少根？常常会把题中的"5 倍"叫作倍数，胡萝卜的根数叫作一倍数，白萝卜的根数叫作几倍数，并得到关系式：一倍数×倍数＝几倍数。需要注意的是，这里的倍数和"因数与倍数"中的倍数是不同的。

◎倍不是单位名称

倍表示的是两个量之间的一种关系，但在解决"求一个数是另一个数的几倍"的问题时，常常有学生把"倍"写在算式的后面做单位。比如"红花有 15 朵，黄花有 3 朵，红花的朵数是黄花的几倍？"列式：15÷3＝5（倍）。事实上，算式的得数后面不能写"倍"字，因为"倍"不是单位名称。

关于"单位"，《现代汉语词典》给出的一种解释是：计量事物的标准量的名称。如米为计量长度的单位，千克为计量质量的单位，升为计量容积的单位等。小学数学中常见的单位有长度单位、面积单位、体积单位、质量单位、时间单位等等。除了上述单位可以是单位名称外，还有汉语中的一些量词也可以是单位名称。什么是量词呢？《现代汉语词典》是这样解释的：表示人、事物或动作的单位的词。量词经常跟数词一起用。在数学学习中，我们常常采用"数＋单位名称"的形式表示物体的数量、长度、质量、体积等，如 4 支铅笔和 2 米长的绳子，这里的"支"和"米"都是单位名称，"4 支"表示铅笔的数量，"2 米"表示绳子的长度。而一个数后面带上"倍"字，并不能表示物体的数量、长度、质量、体积等，它表示的是两个量之间的一种关系。比如"红花的朵数是黄花的 5 倍"，这里的"5 倍"表示的并不是红花或黄花的具体数量，而是红花和黄花数量之间的比率关系。所以"倍"不是单位名称，算式的得数后面不能带"倍"字。

1.2.2 渗透数学思想方法

教学"倍的认识"，在引导学生理解"倍"的概念，建立"倍"的模型的过程中，还可以渗透以下数学思想方法。

◎抽象思想

数学抽象是对现实世界具有数量关系和空间形式的真实材料进行加工，提炼出共同的本质属性，用数学语言表达进而形成数学理论的过程。"倍"概念涉及两个量之间的比较，十分抽象。认识"倍"概念的过程，就是一个帮助学生逐步抽象、最后建立模型的过程。教学中要为学生提供丰富的感性材料，让学生通过看一看、摆一摆、圈一圈等活动，理解抽象的"倍"；并引导学生"从众多的事物中抽取出共同的、本质的特质，而舍弃其非本质的特征"，建立倍的模型，即一个量里有几个另一个量，这个量就是另一个量的几倍。

◎函数思想

函数思想的核心是事物的变量之间有一种依存关系，因变量随着自变量的变化而变化，通过对这种变化的探究找出变量之间的对应法则，从而构建函数模型。函数思想体现了运动变化的、普遍联系的观点。

如果用字母 A、B、C 来表示标准量、比较量和倍数(即一倍数、几倍数和倍数)这三个量，那么三者之间的关系式为 A×C=B。这三个量之间的变化情况共有三种。

标准量不变，比较量变化，倍数变化。

比较量不变，标准量变化，倍数变化。

标准量和比较量都发生变化，倍数不变。

教学中，可以通过不断改变三个量中的两个量的数量，让学生体悟这三种变化，在帮助学生理解倍的含义并建立数学模型的同时，渗透函数思想。

1.2.3 注重知识关联

在前面的分析中，我们已经知道份、几个几、倍、分数、比、百分数这些知识之间有着密切的联系。在教学中，及时把所学的新知识与已有知识进行沟通关联，可以帮助学生建立知识网络结构。比如，学习"倍的认识"时，沟通"倍""几个几""份"之间的联系。学习"分数的初步认识"后，将"分数"和"倍"进行联结，引导学生发现，两个量进行比较时，以较小的数为标准，两个量之间的关系可以用倍数表示；以较大的数为标准，两个量之间的关系可以用分数表示。同样，在后续学习比、百分数的知识时，都可以与已学的相关内容进行联结，帮助学生完善知识结构。

2 教材比较研究

本章主要从纵向和横向两个维度进行教材比较研究。所谓纵向的比较研究,是指从历史的角度,对不同时期的教材做比较研究;所谓横向的比较研究,则是对同一时期不同版本的教材进行比较研究。本章在教材的纵向比较研究中,不仅对不同时期教材中的"倍的认识"进行比较,还补充了"倍的应用"的比较,即把"倍的认识与应用"放在一起进行比较研究;在教材的横向比较研究中,除在习题比较部分把"倍的认识与应用"放在一起进行比较研究外,其他部分只对"倍的认识"进行比较研究。

2.1 教材的纵向比较研究

同一个出版社不同时期的教材编排会有变化,把同一个出版社不同时期的教材进行比较,既可以发现不同时代背景下教材的编排特点,又可以从教材编排的变化中感悟历史的沿革和未来的趋向。这里选取了人民教育出版社出版的 1983 年版、2001 年版和 2022 年版三个不同时期的教材,分别从教材结构、例题编排、习题分析三个方面进行教材的比较。

2.1.1 教材结构比较

"倍的认识与应用"涉及"建立倍的概念"和"解决与倍有关的实际问题"两部分内容,其中,"解决与倍有关的实际问题"包括"求一个数是另一个数的几倍""求一个数的几倍是多少"和"已知一个数的几倍是多少,求这个数"三类问题(见图 2-1)。

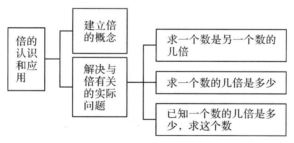

图 2-1 "倍的认识与应用"内容

不同时期的教材在呈现这些内容时结构会有所不同,而不同的编写顺序则体现了教材编者认为合适的学习序列。三个版本的教材是如何编排的呢?

1983 年版教材的编写顺序:①建立倍的概念;②求一个数的几倍是多少;③求一个数是另一个数的几倍。其中,"建立倍的概念"和"求一个数的几倍是多少"都安排在二年级下册,"求一个数是另一个数的几倍"安排在三年级上册。

2001 年版教材和 1983 年版教材的编写顺序相同:①建立倍的概念;②求一个数的几倍是多少;③求一个数是另一个数的几倍。不同的是,它把"建立倍的概念"和"求一个数的几倍是多少"这两个内容都安排在二年级上册;"求一个数是另一个数的几倍"安排在二年级下册。

2022年版教材的编写顺序:①建立倍的概念;②求一个数是另一个数的几倍;③求一个数的几倍是多少。这三个内容都安排在三年级上册(见表2-1)。

表2-1　三个不同时期教材的结构

教材版本	教材结构	例题数量	所属单元	单元标题	教学年级
1983 年版	①建立倍的概念	0 个	第六单元	乘数是一位数的乘法	二年级下册
	②求一个数的几倍是多少	2 个	第六单元	乘数是一位数的乘法	二年级下册
	③求一个数是另一个数的几倍	2 个	第一单元	除数是一位数的除法	三年级上册
2001 年版	①建立倍的概念	2 个	第六单元	表内乘法(二)	二年级上册
	②求一个数的几倍是多少	1 个	第六单元	表内乘法(二)	二年级上册
	③求一个数是另一个数的几倍	2 个	第四单元	表内除法(二)	二年级下册
2022 年版	①建立倍的概念	1 个	第五单元	倍的认识	三年级上册
	②求一个数是另一个数的几倍	1 个	第五单元	倍的认识	三年级上册
	③求一个数的几倍是多少	1 个	第五单元	倍的认识	三年级上册

从上面三种教材的结构上看,它们的共同点是:先让学生"建立倍的概念",然后"解决与倍有关的实际问题",而且三种教材中编排的"解决与倍有关的实际问题"都只有"求一个数是另一个数的几倍"和"求一个数的几倍是多少"两类问题。不同点是:三种教材在编排"解决与倍有关的实际问题"时,两类问题的先后顺序不同。1983年和2001年的教材都是先解决"求一个数的几倍是多少",再解决"求一个数是另一个数的几倍"。而2022年的教材是先解决"求一个数是另一个数的几倍",再解决"求一个数的几倍是多少"。

1983年和2001年的教材都是分两个时段教学"倍的认识与应用",而且都是把"建立倍的概念"与"求一个数的几倍是多少"编排在一个时段教学,把"求一个数是另一个数的几倍"编排在另一个时段教学。

1983年的教材,第一时段的学习安排在二年级下册第六单元"乘数是一位数的乘法"中,此时,学生已经学习了"表内乘法(一)、(二)"和"表内除法(一)、(二)"。第二时段的学习安排在三年级上册第一单元"除数是一位数的除法"中。

2001年的教材,第一时段的学习安排在二年级上册第六单元"表内乘法(二)"中,此时,学生还没有学习"表内除法(一)"。第二时段的学习安排在二年级下册第四单元"表内除法(二)"中。

2022年的教材是在学生学习了"表内乘法(一)、(二)"和"表内除法(一)、(二)"后,把"倍的认识与应用"知识集中编排,单独列为一单元"倍的认识"进行教学,该内容安排在三年级上册。与该教材配套的《义务教育教科书教师教学用书》指出,这样编排好处有三:一是由于倍的知识后移,学生学习的难度降低;二是教学用倍的知识解决问题——求一个数是另一个数的几倍、求一个数的几倍是多少的问题,不再受到所学乘、除法知识的限制,教学内容的呈现更具逻辑性;三是集中教学用乘、除法解决包含有"倍"的数量关系的实际问题,有利于学生在解决问题中加深对乘、除法含义的理解,了解所学的知识有什么用、如何用,从而逐步培养学生应用数学的意识和解决问题的能力。

2.1.2 例题编排比较

◎"倍的认识"编排比较

1983年版教材在教学"求一个数的几倍是多少"例题前,呈现了一道准备题。编排了在计数器上拨珠子的活动:上杆拨2颗珠子,下杆每次拨2颗珠子,拨4次,一共拨了4个2颗。上杆的珠子是2颗,下杆的珠子是4个2颗,我们就说,下杆的珠子是上杆的4倍,从而引出"倍"(见图2-2)。

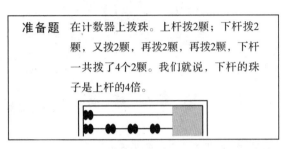

图 2-2 1983年人教版第四册第74页准备题(重绘图)

2001年版教材编排了操作活动。先用小棒摆正方形,三个小朋友分别摆了1个正方形、2个正方形和3个正方形。摆一个正方形用4根小棒,摆3个正方形是3个4根,3个4根也可以说成4的3倍,揭示倍的概念。然后,借助摆圆片,帮助学生进一步体会"几倍"与"几个几"的联系(见图2-3)。

图 2-3 2001年人教版第三册第76页例题

2022 年版教材创设了"小兔子吃萝卜"的童话情境。先通过圈一圈的方法比较红萝卜和胡萝卜的数量,发现胡萝卜有 2 根,红萝卜有 3 个 2 根,得出红萝卜的根数是胡萝卜的 3 倍,引出"倍"。然后继续以胡萝卜的根数为标准,用圈一圈的方法,比较白萝卜和胡萝卜数量之间的倍数关系(见图 2-4)。

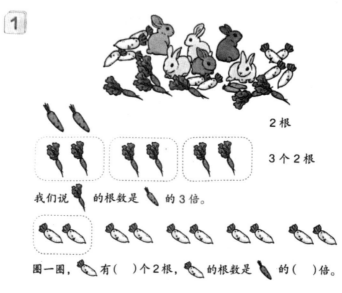

图 2-4   2022 年人教版第五册第 50 页例题

思考

你觉得上面三种教材引入倍的方式有共同的特点吗? 如果有,具体是什么?

从上面三种教材引入倍的方式,我们可以看到有以下共同的特点。

一是三种教材都考虑到了让学生经历从具体实物数量的比较中抽象出倍的过程。无论是拨珠子、摆小棒还是对萝卜的分类计数,教材中都呈现了直观的实物图,清楚地体现了两种数量之间的倍数关系,帮助学生建立倍的概念。

二是三种教材都是结合具体情境,在"几个几"的基础上认识倍,由旧知识"几个几"转化为新知识"倍的含义"。

思考

你觉得上面三种教材的编排有什么不同之处?

除了以上共性外,三种教材也有不同之处。

一是三种教材编排的课时数和例题数不同。

1983 年版教材没有把认识倍作为一个单独的课时,也没有编排认识倍的例题。2001 年版教材把认识倍单独列为一个课时进行教学,并编排了两道例题。2022 年版教材和 2001 年版教材一样,也是把认识倍单独列为一个课时进行教学,但 2022 年版教材只编排了一道例题,这道例题中设计了两次比较活动。

二是三种教材编排的操作活动不同。

1983年版教材编排了"拨一拨"的操作活动。学生先在上杆上拨2颗珠子,然后在下杆上依次拨出1个2、2个2、3个2、4个2,通过连续四次的拨珠活动,直观感知下杆上有4个2,下杆上的珠子就是上杆的4倍。

2001年版教材编排的两道例题都是设计了"摆一摆"的操作活动。第一个活动通过摆小棒,直观感知3个4就是4的3倍。第二个活动是摆圆片,借助问题"第一行摆2个圆片,第二行摆的是第一行的4倍,第二行摆几个?"引导学生逆向思考2的4倍就是4个2,进一步建立"几个几"与"几倍"的联系。

2022年版教材编排的操作活动是"圈一圈"。在进行圈一圈的活动前,学生首先要思考怎么圈。因为在比较时,以胡萝卜的根数(2根)为标准,所以红萝卜的根数就要2根2根地圈在一起。同样,在圈白萝卜的根数时,也要2根2根地圈在一起,这样,就可以很清楚地看出红萝卜和白萝卜的根数里面分别有几个标准,发现红萝卜与胡萝卜、白萝卜与胡萝卜的倍数关系。

比较三种教材设计的操作活动,不难发现,2022年版教材设计的操作活动能够更好地帮助学生理解倍的本质,建立倍的概念,为什么这样说呢?

倍的本质是研究两个量之间的比率关系。2022年版教材编排的操作活动,体现了两个量进行比较,如"红萝卜和胡萝卜"或"白萝卜和胡萝卜"。在对这两个量进行比较时,采用的是圈一圈的方式,在圈的过程中,学生可以感受到标准的重要性,体会到以其中的一个量为标准,另一个量里包含了几个标准,另一个量就是这个量的几倍。这就很好地体现了倍的本质,两个量相互比较,一个量里包含了几个另一个量,就是它的几倍。

1983年版教材的拨珠活动,是在下杆上进行了连续4次的拨珠活动,每次都是拨2颗珠子,学生在经历2颗珠子重复累加的过程后,感悟下杆珠子颗数是上杆珠子颗数的4倍。2001年版教材的摆小棒活动,三个小朋友分别用4根小棒摆一个正方形、用2个4根小棒摆两个正方形、用3个4根小棒摆3个正方形,这里只揭示了3个4根是4的3倍,而没有体现两个量进行比较,一个量是另一个量的3倍。1983年版和2001年版教材都注重体现一个量重复累加的过程,从另一个角度来讲,这两个版本的教材都是从乘法的角度理解倍的概念,这也就不难理解,两个版本的教材为什么都把"倍的认识"和解决"求一个数的几倍是多少"的问题编排在一起,在同一个时段进行教学。

◎"倍的应用"编排比较

三种教材编写的"解决与倍有关的实际问题"都只有两类,分别是"求一个数的几倍是多少"和"求一个数是另一个数的几倍"。从前面对教材结构的分析中,我们已经知道1983年版和2001年版都是在"倍的认识"之后,紧接着编排解决"求一个数的几倍是多少"的问题,都是在认识倍之后,再从乘法的角度理解倍的概念。而2022年版教材是在"倍的认识"之后,先编排解决"求一个数是另一个数的几倍"的问题,该版教材是在认识倍之后,再从除法的角度理解倍的概念。

1983年版教材在编写解决"求一个数的几倍是多少"的问题时呈现了两个例题,而且第二道例题还承载着另一种编写意图——"一个数乘两位数的计算",具体内容见图2-5、2-6。

例 7　白蝴蝶有 2 只,花蝴蝶的只数是白蝴蝶的 3 倍。花蝴蝶有几只(图 2-5)?

图 2-5　1983 年人教版第四册第 74 页例题插图(重绘图)

2 只的 3 倍,就是 3 个 2 只。

2×3=6(只)。

答:花蝴蝶有 6 只。

例 8　饲养小组养了 24 只黑兔,白兔的只数是黑兔的 5 倍。白兔有多少只(图 2-6)?

24 的 5 倍,就是 5 个 24 只。

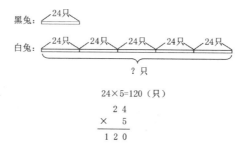

图 2-6　1983 年人教版第四册第 75 页例题插图和算式(重绘图)

第一道例题以文字呈现例题之后,根据题中素材呈现了蝴蝶图,并采用圈一圈的方式,明确花蝴蝶和白蝴蝶两个量之间的倍数关系。从图中可以看出,求花蝴蝶的只数,也就是求 2 只的 3 倍,2 只的 3 倍就是 3 个 2 只,把"求一个数的几倍是多少"与"求几个几是多少"建立了联结。

第二道例题同样以文字呈现例题,但呈现的图是线段图,借助图帮助学生理解 24 只的 5 倍是 5 个 24 只,求白兔有多少只,就是求 5 个 24 只是多少,所以用乘法计算。

1983 年版教材在编写解决"求一个数是另一个数的几倍"的问题时也是呈现了两个例题,同样,第二道例题承载着另一种编写意图——"一个数除一位数的计算"。具体内容如下。

1983 年人教版第五册第 11 页例题:

例 7　小鸡有 8 只,小鸭有 2 只。小鸡的只数是小鸭的几倍(图 2-7)?

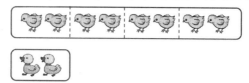

图 2-7　1983 年人教版第五册第 11 页例题插图(重绘图)

8 里面有几个 2,8 就是 2 的几倍。

8÷2＝4。

答：小鸡的只数是小鸭的 4 倍。

例 8　果园里有 7 棵杏树,84 棵桃树。桃树的棵数是杏树的多少倍?

84 里面有几个 7,84 就是 7 的几倍。

$84÷7＝$ ▢

$7\overline{)84}$ 自己用竖式算出得数,

把得数填在 ▢ 里,

并写上答数。

答:

　　第一道例题以文字呈现例题后,根据题中素材呈现了小鸡和小鸭图。借助图帮助学生理解 8 里面有几个 2,8 就是 2 的几倍。进而理解"求小鸡的只数是小鸭的几倍",实际上就是"求 8 里面有几个 2",从而把"求一个数是另一个数的几倍"与"求一个数里面有几个另一个数"建立了联结。

　　第二道例题仍是以文字呈现例题,但没有了图示,直接根据"84 里面有几个 7,84 就是 7 的几倍"列式计算。

　　2001 年版教材在编写解决"求一个数的几倍是多少"的问题时编排了一个例题。例题的编写顺序是先呈现情境图,再画图分析题意,最后列式解答(见图 2-8)。

图 2-8　2001 年人教版第三册第 77 页例题

2001 年版教材在编写解决"求一个数是另一个数的几倍"的问题时,编排了两道例题。第一道例题创设了"用小棒摆飞机"的情境,采用对话方式呈现信息:小红摆一架飞机用 5 根小棒,小丽用 10 根小棒摆了 2 架飞机,用了 2 个 5 根,是小红的 2 倍。要解决的问题是"小强摆了 3 架飞机,用的小棒根数是小红的几倍?"教材呈现了两种解题思路,一种是通过观察图发现小强用的小棒根数是小红的 3 倍,一种是用除法计算出小强用的小棒根数是小红的 3 倍(见图 2-9)。

图 2-9　2001 年人教版第四册第 54 页例题

第二道例题没有呈现思考过程,只呈现了算式(见图 2-10)。

$$35 \div 7 = 5$$

图 2-10　2001 年人教版第四册第 55 页例题

2022 年版教材集中教学"解决与倍有关的实际问题"。例 2 解决"求一个数是另一个数的几倍"的问题,从除法的角度帮助学生加深对倍概念的理解。例题呈现了完整的解决问题过程:先找出题中的数学信息和要解决的问题,然后画示意图分析数量关系,帮助学生理解"求一个数是另一个数的几倍"就是"求一个数里面有几个另一个数",明确解决此类问题要用除法计算,最后进行回顾反思(见图 2-11)。

2 教室里扫地的有 4 人,擦桌椅的有 12 人。擦桌椅的人数是扫地的几倍?

阅读与理解

知道了……

要解决的问题是……

分析与解答

扫地的:● ● ● ●

擦桌椅的:● ● ● ● ● ● ● ● ● ● ● ●

我画了一张示意图,能清楚地看出擦桌椅的人数是扫地的 3 倍。

求擦桌椅的人数是扫地的几倍,就是求 12 里面有几个 4,用除法计算。

$$12 \div 4 = 3$$

回顾与反思

扫地的有 4 人,4 的 3 倍是 12,正好是擦桌椅的人数,解答正确。

答:擦桌椅的人数是扫地的 3 倍。

图 2-11 2022 年人教版第五册第 51 页例题

例 3 解决"求一个数的几倍是多少"的问题,同样是先找出题中的数学信息和要解决的问题,然后教学画线段图表示数量关系的方法,帮助学生理解"求一个数的几倍是多少"就是"求几个几是多少",用乘法计算,最后进行回顾反思(见图 2-12)。

③

跳棋的价钱是8元，象棋的价钱是跳棋的4倍。象棋的价钱是多少元？

阅读与理解

知道了……

要解决的问题是……

分析与解答

可以画图帮助理解。

跳棋：└──────┘
　　　　8元

象棋：└──────┬──是跳棋的4倍──┘
　　　　　　　　？元

想：要求象棋的价钱，就是求（　）个（　）是多少。

8×4=32（元）

回顾与反思

象棋的价钱是跳棋的4倍。

32÷8=4

答：象棋的价钱是32元。

图2-12　2022年人教版第五册第52页例题

思考

通过对三种教材编排的"倍的应用"内容进行分析，你觉得它们有哪些共同点与不同点？

通过对三种教材编排的"倍的应用"内容进行分析，发现它们有以下共同点与不同点。

（1）三种教材都注重几何直观，帮助学生理解倍的本质。

《义务教育数学课程标准（2011年版）》指出：几何直观主要是指利用图形描述和分析问题。借助几何直观可以把复杂的数学问题变得简明、形象，有助于探索解决问题的思路，预测结果。几何直观可以帮助学生直观地理解数学，在整个数学学习过程中都发挥着重要作用。

在解决"求一个数的几倍是多少"与"求一个数是另一个数的几倍"的问题时，三种教材都呈现实物图及示意图、线段图等多种直观形式。1983年版教材呈现了实物图和线段图；2001年版教材呈现了示意图与线段图结合的图示；2022年版教材呈现了示意图和线段图。对分析数量关系十分重要的线段图的教学,按照实物图—示意图—线段图的层次不断递进。

(2)三种教材例题的呈现方式不同。

1983 年版教材的例题呈现方式是纯文字描述,2001 年版教材以图文结合的形式呈现例题,2022 年版教材例题的呈现方式也是纯文字描述。

(3)2022 年版教材最注重对学生学习能力的培养。

2022 年版教材教学"解决与倍有关的实际问题"时,教材呈现了完整的解决问题的过程:阅读与理解—分析与解答—回顾与反思。教材在呈现学生的思考过程时,注重引导学生在语言表征、图形表征、算式表征这三种表征之间进行转化,建立倍的模型,明确"求一个数是另一个数的几倍是多少"用除法计算,"求一个数的几倍是多少"用乘法计算。教材注重培养学生借助图形去思考的意识和能力,注重引导学生养成检验、及时反思的良好学习习惯。

2.1.3　习题分析比较

习题是教材的重要组成部分,对同一个出版社不同时期的教材编排的习题进行比较,可以从习题编排的变化中发现变革与传承,感悟习题的特点与价值。本节是把三种教材的习题分成三类进行比较:第一类是三种教材共有的习题类型;第二类是两种教材共有的习题类型;第三类是只在一种教材中出现的习题类型。

◎三种教材共有的习题类型

(1)看图填写(或说出)两个量之间的倍数关系,即一个量是另一个量的几倍。

(2)根据两行小棒的倍数关系,动手操作摆(或画)小棒图。

(3)解决"求一个数是另一个数的几倍"和"求一个数的几倍是多少"问题。

1983 年版教材编排的此类习题大多以纯文字叙述,并且采用题组形式呈现,2001 年版和 2022 年版教材编排的此类习题大多以图文结合的形式呈现。

◎两种教材共有的习题类型

(1)看图提出问题并解决(见图 2-13、2-14)。

1.

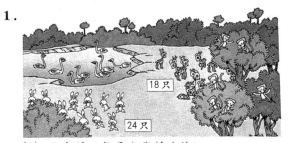

(1) 小鹿的只数是小猴的几倍?

□ ○ □ = □

(2) 你还能提出什么问题? 你会解决吗?

图 2-13　2001 年人教版第四册第 56 页习题

24只　　　18只　　　8只　　　6只

（1）小鹿的只数是小猴的几倍？

□○□=□

（2）你还能提出其他数学问题并解答吗？

图 2-14　2022 年人教版第五册第 54 页习题

两道习题的素材和题型基本一样，注重培养学生提出问题、解决问题的能力。2001 年版教材呈现了情境图，图中有天鹅、小兔、小鹿和小猴四种动物，并且呈现了小兔和小鹿的只数，但图中没有呈现小猴和天鹅的数量，需要数一数，2022 年版教材直接呈现了各种小动物的数量，更利于学生发现小动物数量之间隐藏的倍数关系，提出与倍有关的数学问题并解答。

（2）根据图意列算式。（见图 2-15、2-16）

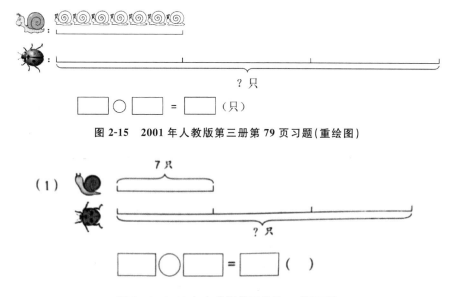

? 只

□○□ = □（只）

图 2-15　2001 年人教版第三册第 79 页习题（重绘图）

（1）

7只

? 只

□○□ = □（　　）

图 2-16　2022 年人教版第五册第 54 页习题

2001 年版教材中的习题呈现了示意图和线段图结合的图示，2022 年版教材中的习题呈现了线段图，两道题都有助于学生逐步学会看线段图和用线段图表示数量关系，培养几何直观能力。

(3)开放性题目(见图 2-17、2-18)。

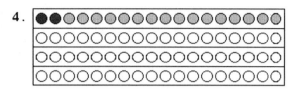

（1）第一行○的数目是●的几倍？

（2）请你给每一行的○涂上两种不同的颜
色。根据你涂的，你能提出哪些问题？

图 2-17　2001 年人教版第四册第 57 页习题

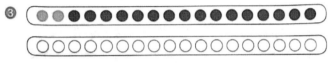

（1）第一行 ● 的个数是 ● 的几倍？

（2）请给第二行的 ○ 涂上两种不同的颜色。再根据涂色结
果，提出数学问题并解答。

图 2-18　2022 年人教版第五册第 53 页习题

两道习题的第一问都是根据图中涂色圆片解决"求一个数是另一个数的几倍"的问题，第二问都是学生在操作活动中自己构造有倍数关系的数学问题。2001 年版教材给出了 3 行空白圆片，为学生的涂色活动提供了更大的操作空间，有利于促使学生进行多样化思考。

(4)年龄中的倍数问题(见图 2-19)。

（1）妈妈的岁数是小红的几倍？

（2）去年妈妈的岁数是小红的几倍？

图 2-19　2001 年人教版第四册第 58 页习题

2022 年人教版第五册第 55 页习题：

小丽今年 6 岁,爸爸的年龄是她的 6 倍。

(1)爸爸今年多少岁？

(2)去年爸爸的年龄是小丽的几倍？

两道习题中的人物和问题稍有不同。2001 年版教材编排的两个问题都是"求一个数是另一个数的几倍"(学生当时只学习了这一类问题),2022 年版教材编排的第一个问题是"求一个数的几倍是多少",第二个问题是"求一个数是另一个数的几倍"(学生已经学习了这两类问题)。这两道习题都是通过年龄问题引导学生关注生活中常见的两个量的倍数关系,使学生初步感知到,年份不同,两人的年龄差不变,两人年龄之间的倍数关系会发生变化。

(5)题组对比练习。

1983 年版教材共编排了 11 道以题组形式进行对比练习的习题。习题内容分为两类。一类是对比练习"求一个数的几倍是多少"和"求一个数是另一个数的几倍",如 1983 年人教版第四册第 13 页习题:

> 11.(1)河里有 2 只鹅,6 只鸭子。鸭子的只数是鹅的几倍?
>
> (2)河里有 2 只鹅,鸭子的只数是鹅的 6 倍。河里有鸭子多少只?

一类是把解决与倍有关的问题和以前学习的用加、减法解决的问题进行对比练习,如 1983 年人教版第四册第 77 页第 12 题和 1983 年人教版第五册第 13 页第 12 题。

1983 年人教版第四册第 77 页第 12 题:

> 12.(1)第一组做 5 个风筝,第二组做的是第一组的 2 倍,第二组做几个风筝?
>
> (2)第一组做 5 个风筝,第二组比第一组多做 2 个,第二组做几个风筝?

1983 年人教版第五册第 13 页第 12 题:

> 12.(1)今年冬冬 8 岁,爷爷的年龄是冬冬的 9 倍。爷爷今年多少岁?
>
> (2)今年冬冬 8 岁,爷爷 72 岁。爷爷的年龄是冬冬的几倍?
>
> (3)今年冬冬 8 岁,爷爷比冬冬大 64 岁。爷爷今年多少岁?

2022 年版教材只编排了"求一个数的几倍是多少"和"求一个数是另一个数的几倍"的对比练习。如 2022 年版教材第五册第 54 页习题:

> 6.(1)李奶奶养了 6 只鹅,养的鸭的只数是鹅的 7 倍。李奶奶养了多少只鸭?
>
> (2)李奶奶养了 6 只鹅,42 只鸭。鸭的只数是鹅的几倍?

◎只在一种教材中出现的习题类型

(1)看图编题。

在学习"求一个数的几倍是多少"后,1983 年版教材编排了一道看图编乘法应用题(见图 2-20)。

14. 看图编一道乘法应用题。

图 2-20　1983 年人教版第四册第 77 页习题(重绘图)

(2)变式题(见图 2-21)。

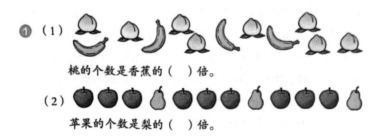

桃的个数是香蕉的( )倍。

苹果的个数是梨的( )倍。

图 2-21　2022 年人教版第五册第 53 页习题

图 2-21 中,图(1)中的物品排列散乱,图(2)中的物品排列有规律,在确定每幅图中物品之间的倍数关系时,学生不需要关注物品的排列方式,只需要数出物品的数量进行比较,这有助于学生体会倍的含义是比较事物数量之间的关系。

(3)星号题(见图 2-22)。

图 2-22　2022 年人教版第五册第 55 页习题

2022 年版教材增加了星号题,供学有余力的学生选做。

通过上面的分析比较,我们发现三种教材的习题编排有以下特点。

1983 年版教材编排的习题大多以文字叙述的方式呈现题目,重点关注学生对知识的掌握。

2001 年版教材编排的习题呈现方式做到图文结合,且习题类型较为丰富。

2022 年版教材编排的习题,题型最为丰富,保留了 2001 年版教材中体现新课标理念的习题类型,但对题目的情境和数据稍做变化或修改,同时,增加了变式题和星号题,更加关注学生对倍本质的理解和学习能力的培养。

2.1.4　教材纵向比较对教学的启示

通过对三种教材的比较分析,我们可以从中得到一些启示。

(1)创设多层次活动,帮助学生建立倍的概念。

倍概念涉及两个量之间的比较,表示的是数的相对大小,比较抽象,学生需要在多次的感知中逐步建立倍的概念。因此,教学中应设计丰富的不同层次的活动,如设计操作活动圈一圈、摆一摆、画一画等,借助已有的知识"几个几"和"几份"认识倍,再结合除法从比较关系的角度认识倍,最后在运用倍的含义解决实际问题的过程中认识倍,通过反复、持续的活动帮助学生逐步加深对倍的认识,建立倍的概念。

(2)关注多元表征,帮助学生运用倍的知识解决问题。

倍属于概念学习,多元表征有助于学生对数学概念的理解。所谓表征是用某一种形式,将事物或想法重新表现出来,以达到交流的目的。(鲍建生等,2014)[111] 在教学"解决与倍有关的实际问题"时,可以让学生充分经历语言表征、图形表征、算式表征的过程,并进行三种表征之间的转化,帮助学生运用倍的知识解决问题。如教学"求一个数的几倍是多少"(见图 2-12)时,在学生画出线段图后,留足时间,让学生指着图说一说自己的思考过程,象棋的价钱是跳棋的 4 倍,就是以跳棋的价钱为标准,看作 1 份,象棋的价钱里面有 4 个这样的标准,就是有这样的 4 份,求"象棋的价钱是多少元",实际上就是求"4 个 8 元是多少",可以用乘法计算,所以列式为 $8 \times 4 = 32$(元)。

(3)加强画图方法指导,培养几何直观能力。

几何直观可以帮助学生直观地理解数学,因此,教学"解决与倍有关的实际问题"时,可以引导学生画图分析、解决问题,培养学生借助图形思考的意识和能力。根据学生年龄特点,学生喜欢画形象的实物图或示意图,而画抽象的线段图对学生来说有难度,所以,教师要对学生进行画图方法的指导,使学生知道可以用线段的长度来表示数量,画出的两条线段要能表示出两种数量之间的倍数关系,体会画线段图可以表示两个量之间的倍数关系,比较简洁明了。还以教学"求一个数的几倍是多少"为例(见图 2-12),可以先指导学生画一条线段表示跳棋的价钱(8 元),然后提出问题"想一想,根据'象棋的价钱是跳棋的 4 倍'这句话,怎样画图表示象棋的价钱?"引导学生连续画出 4 段大约与第一条线段等长的线段来表示象棋价钱。这里需要注意的是,学生能根据数量关系画出草图即可,不要求学生必须画出精确的线段图。

2.2　教材的横向比较研究

本节的教材横向比较研究,是对同一时期,不同版本的教材对"倍的认识"的不同编写情况进行研究。本节研究选取了根据 2011 版新课标编写的七种教材,它们分别是北京师范大学出版社 2013 年出版的义务教育教科书《数学》二年级上册(以下简称"北师大版"),江苏凤凰教育出版社 2013 年出版的《义务教育教科书(数学)》三年级上册(以下简称"苏教版"),浙江教育出版社 2012 年出版的义务教育教科书《数学》二年级上册(以下简称"浙教版"),西南师范大学出版社 2020 年出版的义务教育教科书《数学》二年级上册(以下简称"西师大版"),上海少年儿童出版社有限公司 2017 年出版的义务教育课本《数学》二年级第一学期(试用本)(以下简称"沪少版"),河北教育出版社 2014 年出版的义务教育教科书《数学》二年级上册(以下简称"冀教版"),青岛出版社 2017 年出版的义务教育教科书《数学》二年级上册(以下简称"青岛版")。本节研究将对上述七个版本的教材进行内容的分析比较,以期发现不同版本教材在"倍的认识"的编写上的共性和个性,从而更好地开展"倍的认识"相关教学活动。

这里需要说明的是,考虑到七个版本的教材都是把"倍的认识"与"倍的应用"编排在同一册,而且有的版本教材把"认识倍"与"求一个数是另一个数的几倍"编排在同一个课时,所以,本节研究的习题是把"倍的认识"和"倍的应用"的习题放在一起分析比较,且研究内容单独呈现。

2.2.1 北师大版、苏教版、浙教版、冀教版、西师大版教材的编排比较

◎教学年级比较

北师大版、苏教版、浙教版、冀教版、西师大版教材都是六三制教材。北师大版、浙教版、冀教版和西师大版教材都把"倍的认识"安排在二年级上册,苏教版教材把"倍的认识"安排在三年级上册。五个版本的教材都没有把"倍的认识"单独列为一个单元,北师大版教材把"倍的认识"安排在二上第七单元"分一分与除法",苏教版教材把"倍的认识"安排在三上第一单元"两、三位数乘一位数",浙教版教材把"倍的认识"安排在二上第四单元"联欢会里的数学问题",冀教版教材把"倍的认识"安排在二上第七单元"表内乘法和除法(二)",西师大版教材把"倍的认识"安排在二上第六单元"表内除法"。五个版本的教材都是在学生学习了乘法和除法之后编排"倍的认识"(见表 2-2)。

表 2-2 五个版本教材"倍的认识"编排情况

教材版本	教学年级	所属单元	单元标题	例题数量
北师大版	二年级上册	第七单元	分一分与除法	1 道
苏教版	三年级上册	第一单元	两、三位数乘一位数	1 道
浙教版	二年级上册	第四单元	联欢会里的数学问题	1 道
冀教版	二年级上册	第七单元	表内乘法和除法(二)	2 道
西师大版	二年级上册	第六单元	表内除法	2 道

◎教材结构比较

北师大版教材的结构:①呈现情境图,让学生整理图中的数学信息,数出图中六种小动物的数量并进行填写;②比较小猴和小鸭的数量关系,从图形直观和除法算式两个方面来揭示倍;③学生通过画一画、圈一圈、填一填的方式找出图中小松鼠和小鸡、小松鼠和小鸭、孔雀和小猴三组小动物之间的倍数关系;④借助小动物购物情境呈现"求一个数是另一个数的

几倍"和"求一个数的几倍是多少"的对比练习,解决与倍有关的实际问题;⑤进行知识的简单应用——练一练。

苏教版教材的结构:①呈现情境图,提出数学问题"你能比一比三种花的朵数吗";②出示比较的第一种方法——多与少,也就是差比;③介绍比较的第二种方法——倍比,揭示倍的概念;④学生找出红花和蓝花朵数之间的倍数关系,教材呈现了两种方法,即圈一圈和用除法计算;⑤进行知识的简单应用——想想做做。

浙教版教材的结构:①呈现情境图,根据红气球和蓝气球之间的份数关系揭示倍;②变化红气球的个数,找蓝气球和红气球之间的倍数关系;③摆一摆,摆出蓝色圆片的个数是红色圆片的2倍;④根据蓝气球和红气球的倍数关系,求蓝气球的个数;⑤按要求摆正方形和圆形,找出两者之间的倍数关系;⑥进行知识的简单应用——看图回答。

冀教版教材的结构:①第一幅情境图,直接呈现倍;②第二幅情境图,通过比较小兔和兔妈妈拔的萝卜数量,借助图形直观揭示倍概念的含义;③进行知识的简单应用——练一练。

西师大版教材的结构:①借助摆小棒活动,对两排小棒的数量进行比较,揭示倍概念;②学生通过圈一圈、填一填的方式找出红花和黄花之间的倍数关系;③议一议两个数之间的倍数关系;④借助除法算式揭示倍的含义;⑤解决求一个数的几倍是多少的问题;⑥进行知识的简单应用——课堂活动。

◎教学内容比较

倍属于概念教学,学生在学习中,需要经历概念形成的过程。教材在揭示概念后,还会编排一些教学活动,让学生逐步明晰概念的本质。下面将从教材是如何编排"倍的引入"和"倍的巩固"这两个角度对教学内容进行分析比较。

(1)"倍的引入"编排比较。

北师大版教材呈现的是"快乐的动物"童话情境(见图2-23)。情境图中信息比较多,有6种小动物。先让学生数一数、填一填,抽象出每种小动物的数量。然后进行画一画、圈一圈、认一认等活动。用符号○表示小动物,分别画出小猴和小鸭两种小动物的数量。通过把3只小猴圈在一起的方式,表示出小鸭有2个3只,渗透"6里面有2个3""6是3的2倍"的认知,呈现除法算式6÷3=2,明确小鸭的只数是小猴的2倍。从而把倍与"几个几"和除法建立联系,揭示倍的概念。

● 数一数，填一填。

● 画一画，圈一圈，认一认。

$6 ÷ 3 = 2$

图 2-23 北师大版第三册第 70 页例题

　　苏教版教材呈现的是"小朋友数花"的生活情境（见图 2-24）。小朋友数出花坛里的蓝花有 2 朵，黄花有 6 朵，红花有 8 朵。通过问题"你能比一比这三种花的朵数吗?"引入对数量的对比。教材呈现的第一种比较方法是用减法对两个数量的多少进行比较，第二种比较方法是先把 2 朵蓝花圈起来，再把黄花 2 朵 2 朵地圈起来。蓝花有 2 朵，黄花有 3 个 2 朵，黄花的朵数是蓝花的 3 倍。借助已有的知识"几个几"揭示倍。

还可以这样比较黄花和蓝花的朵数：

蓝花有 2 朵，黄花有 3 个 2 朵，黄花的朵数是蓝花的 3 倍。

图 2-24 苏教版第五册第 4 页例题

浙教版教材呈现的是"游艺室里挂气球"的生活情境(见图 2-25)。通过把 2 个红色气球看作一份,把 6 个蓝色气球每 2 个看作一份,发现蓝色气球有这样的 3 份,再通过简洁的语言表述,直接告知学生蓝色气球的个数是红色气球的 3 倍,借助已有的知识"份"揭示"倍"。

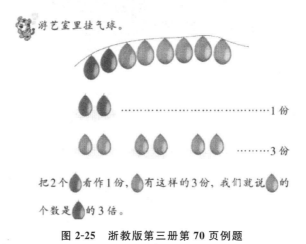

图 2-25　浙教版第三册第 70 页例题

冀教版教材首先呈现的是"大象之家"童话情境(见图 2-26)。小朋友数出图中有 4 头大象、2 头小象,教材直接呈现"大象的头数是小象的 2 倍"这句话,但未揭示倍的含义。然后呈现第二幅情境图"拔萝卜",小兔拔了 2 个萝卜,兔妈妈拔了 6 个萝卜,用虚线把兔妈妈拔的萝卜 2 个 2 个地隔开,直观呈现兔妈妈拔的萝卜的个数等于 3 只小兔拔的萝卜的个数,即 6 里面有 3 个 2,得出兔妈妈拔的萝卜的个数是小兔的 3 倍,借助已有的知识"几个几"揭示"倍"。

图 2-26　冀教版第三册第 80 页例题

西师大版教材呈现的是"摆小棒"的操作情境(见图 2-27)。第 1 排摆 3 根小棒,第 2 排摆 2 个 3 根,借助小棒图直观感知 6 里面有 2 个 3,所以 6 是 3 的 2 倍,借助已有的知识"几个几"揭示"倍"。

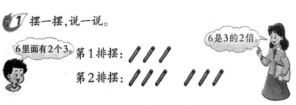

图 2-27　西师大版第三册第 82 页例题

思考

比较上面五种不同版本教材引入倍的方式,你觉得它们有什么共同的特点?

通过比较上面五种不同版本教材引入倍的方式,我们可以看到它们有以下共同的特点。

①五种教材都是在具体情境中,由旧知识"几个几"或"份"转化为新知识"倍"的含义,都是依靠学生已经掌握的知识、已有的经验来理解新的概念"倍"。

②五种教材都注重图形直观呈现,帮助学生理解倍的本质。

北师大版教材呈现直观图——小鸭的只数里面有 2 个小猴的只数,所以小鸭的只数是小猴的 2 倍;苏教版教材呈现直观图——黄花的朵数里面有 3 个蓝花的朵数,所以黄花的朵数是蓝花的 3 倍;浙教版教材呈现直观图——蓝气球的个数里面有 3 个红气球的个数,所以蓝气球的个数是红气球的 3 倍;冀教版教材呈现直观图——兔妈妈拔的萝卜个数里面有 3 只小兔拔的萝卜个数,所以兔妈妈拔的萝卜的个数是小兔的 3 倍;西师大版教材呈现直观图——第二行小棒(6 根)里面有 2 个第一行小棒的根数(3 根),所以 6 是 3 的 2 倍。五种教材的编者都注重通过具体的实物图形,清楚地体现一个量里包含几个另一个量就是它的几倍,帮助学生建构倍的直观模型。

③五种教材都没有给"倍"下定义,而是通过具体的数学活动让学生体会"倍"的含义。

思考

你觉得五种教材的引入编排有哪些不同?

除了以上共性外,五种教材也有不同之处。

①北师大版、苏教版、冀教版、西师大版教材都是从"几个几"引入"倍",浙教版教材是从"份"引入"倍"。

②北师大版教材从图形直观和除法算式两个角度让学生理解倍的含义,体现了"倍"实际上是对除法意义的拓展,除法不仅可以表示一个数量的平均分问题,也可以表示两个数量之间的倍数关系,而苏教版、浙教版、冀教版、西师大版教材只从图形直观的角度,让学生来初步认识倍。

③苏教版教材呈现了两种基本的比较方法:一种是比较它们的差,另一种是比较它们的比率关系。这样编排,有助于学生从整体上体会"差比"和"倍比"的联系与区别,知道它们都是对相关数量进行比较的数学方法。而北师大版、浙教版、冀教版和西师大版教材都没有呈现"差比"。

④浙教版和苏教版教材引入倍,呈现的两个量的倍数关系是 3 倍,且都是"6 是 2 的 3 倍";北师大版和西师大版教材引入倍,呈现的两个量的倍数关系是 2 倍,且都是"6 是 3 的 2 倍";冀教版教材第一幅情境图中有 4 头大象,2 头小象,教材没有借助"几个几"或"份"揭示大象和小象之间的倍数关系,而是直接呈现它们的倍数关系"大象的头数是小象的 2 倍"。因情境图中的大象恰好比小象多了 2 头,这很容易造成学生对"2 倍"含义的误解,以为多了 2 头就是"2 倍"。冀教版教材在第二幅情境图中,呈现的两个量的倍数关系是 3 倍,并借助直观图建立了"倍"与"几个几"的联系,通过"几个几"揭示倍的含义。

(2)"倍的巩固"编排比较。

引入倍的概念后,五个版本的教材都安排了多个层次的实践、应用活动,帮助学生在不断比较和抽象的过程中加深、巩固对倍的概念的理解。

北师大版教材(见图 2-28)在介绍了倍的含义后,设计了"画一画,圈一圈,填一填"的活动,结合画图和用除法表示两种方法,帮助学生理解两个数量之间的倍数关系,学会利用图形直观或除法算式表示两个数量之间的倍数关系。之后的练习中安排了习题练习解决与倍有关的实际问题,即"求一个数是另一个数的几倍"和"求一个数的几倍是多少"。

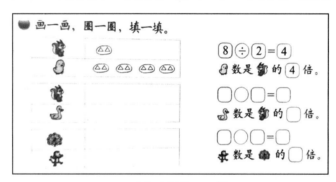

图 2-28　北师大版第三册第 70 页

苏教版教材(见图 2-29、2-30)在学生初步认识倍的含义,填出红花和蓝花的倍数关系后,提出了"求一个数是另一个数的几倍"的问题:"要求红花的朵数是蓝花的几倍,可以怎样计算?"学生借助教材给出的直观图能够清晰地理解"求红花的朵数是蓝花的几倍,就是求 8 里面有几个 2,用除法计算"。进而明白求一个数是另一个数的几倍,实际上就是求一个数里面有几个另一个数,要用除法计算。

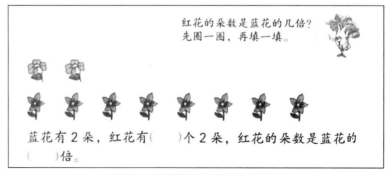

图 2-29　苏教版教材第五册第 4 页

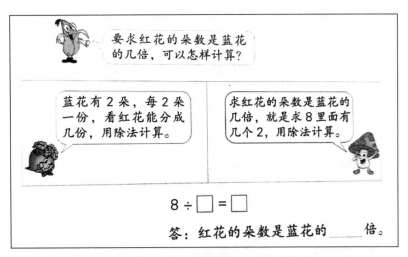

图 2-30 苏教版教材第五册第 5 页

浙教版教材(见图 2-31)在引出倍的概念后,先通过问题"再挂上一个红气球,蓝气球的个数还是红气球的 3 倍吗?"改变比较的标准和倍数,再利用问题"红气球有 3 个,如果蓝气球的个数还是红气球的 3 倍,蓝气球应该有几个?"让学生体会倍数不变,标准量和比较量都发生变化的情况。通过在相同情境中不断设置变式问题,让学生理解倍的本质。

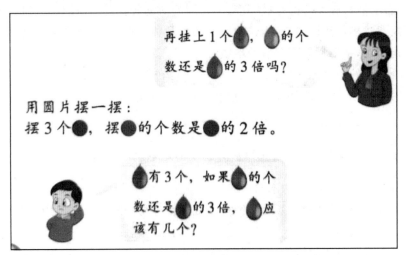

图 2-31 浙教版教材第三册第 70 页

冀教版教材在揭示倍的含义后,没有在例题中编排巩固倍概念的活动。因其第一幅情境图只是引出倍,并未揭示图中"2 倍"的含义,而情境图中大象和小象头数的关系很容易造成学生对"2 倍"含义的误解,所以,建议教材在通过第二幅情境图揭示倍的含义后,编排"想一想"活动,呈现问题"为什么说大象的头数是小象的 2 倍",进一步加深学生对倍的理解。

西师大版教材(见图 2-32)在揭示倍的含义后,编排了"圈一圈,填一填"的活动,呈现 10 朵红花,2 朵黄花,以黄花的朵数为标准圈一圈,圈出红花里面有几个黄花的朵数。根据圈出的结果,填出"10 里面有(5)个 2,10 是 2 的(5)倍。红花朵数是黄花的(5)倍"。最后脱离具体实物图,让学生找出两个数之间的倍数关系:8 是 4 的几倍? 8 是 2 的几倍?

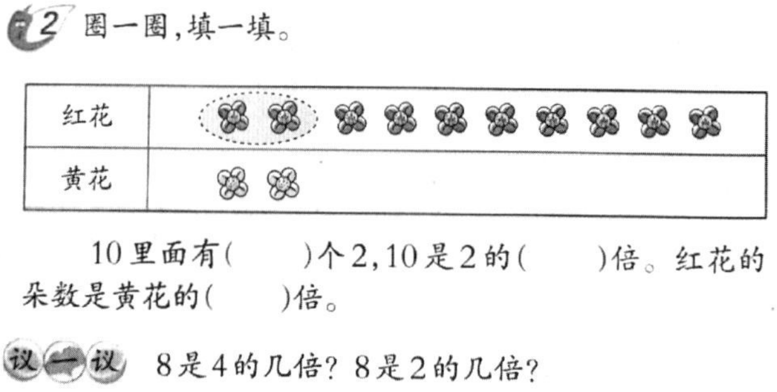

2 图一圈,填一填。

红花	
黄花	

10里面有(　　)个2,10是2的(　　)倍。红花的朵数是黄花的(　　)倍。

议一议 8是4的几倍? 8是2的几倍?

图2-32　西师大版教材第三册第82页

思考

你觉得上述几种教材编排的巩固倍概念的活动有哪些相同点?

通过上面的分析,可以发现北师大版、苏教版、浙教版、西师大版四种教材编排"倍的巩固"的相同点如下。

①都设计了操作活动。

操作活动是内部思维活动的外化。北师大版设计了画一画、圈一圈的活动,苏教版设计了圈一圈的活动,浙教版设计的是摆一摆、圈一圈的活动,西师大版设计的是圈一圈的活动。四种教材都是通过操作活动,将所比较的实物的数量关系直观化,直观形象地展示出两个数量之间的倍比关系,帮助学生理解倍的本质。

②都是从除法的角度理解倍的含义。四种教材在学习"倍的认识"后,编排的都是解决"求一个数是另一个数的几倍"的问题,防止学生片面地理解倍,见倍就乘。

思考

你觉得四种教材编排的巩固倍概念的活动有什么不同?

四种教材"倍的巩固"编排的不同点如下。

①北师大版、苏教版和浙教版教材编排的巩固练习与概念引入都使用了同一个情境,西师大版教材编排的巩固练习与概念引入是两个不同的情境。

②北师大版教材在揭示倍的概念后,让学生解决了一些与倍有关的实际问题,即"求一个数是另一个数的几倍"和"求一个数的几倍是多少";苏教版教材则将"倍的认识"和"求一个数是另一个数的几倍"放在同一个课时中教学。这两个版本的教材都是先利用"几个几"引出倍的含义后,再从除法的角度加深对倍的概念的理解。而浙教版和西师大版教材则没有在这一课时让学生解决与倍有关的实际问题。

③浙教版教材注重在变化中加深对倍的理解。编排的几个数学活动,都是在连续的情境中,不断改变两个比较的量的数量,让学生在变化中进一步认识倍,感受"标准"的重要性,初步渗透函数思想。而北师大版、苏教版和西师大版教材都没有体现这一点。

2.2.2　沪少版和青岛版教材的编排比较

◎教学年级比较

沪少版是五四制教材，青岛版是六三制教材。两个版本的教材虽然学制不同，但都把"倍的认识"安排在二年级上册。沪少版教材把"倍的认识"安排在二上第二单元"乘法、除法（一）"中，在学习乘法的初步认识之后学习"倍"，然后学习除法的初步认识，在学生初步认识除法之后学习"倍"，即学习"求一个数是另一个数的几倍"问题。青岛版教材把"倍的认识"安排在二上第四单元"凯蒂学艺——表内乘法（二）"中，此时，学生还没有学习"除法的初步认识"。（见表2-3）

表 2-3　两个版本教材"倍的认识"编排情况

教材版本	教学年级	所属单元	单元标题	例题数量
沪少版	二年级上册	第二单元	乘法、除法（一）	3 道
青岛版	二年级上册	第四单元	凯蒂学艺——表内乘法（二）	1 道

两个版本的教材都是在学生学习了乘法的初步认识之后编排"倍的认识"，帮助学生进一步学习乘法的意义，从乘法的角度来理解倍概念。

◎教材结构比较

沪少版教材的结构：①呈现第一幅情境图"划船"，根据不同颜色船上人数之间的关系，借助"份"和"几个几"，揭示倍概念，并计算一个数的几倍是多少；②呈现第二幅情境图"转杯"，进一步借助"份"和"几个几"，找出图中数量之间的倍数关系，并计算一个数的几倍是多少；③呈现第三幅情境图"比绳子"，借助"份"和"几个几"巩固倍概念，并计算一个数的几倍是多少；④进行知识的简单应用——练一练。

青岛版教材的结构：①呈现根据主题图中的数学信息要解决的数学问题"菲菲做了多少个中国结？"；②提出问题"'3 倍'是什么意思？"；③借助直观图揭示"倍"与"几个几"的关系；④用乘法计算一个数的几倍是多少；⑤进行知识的简单应用——自主练习。

◎教学内容比较

（1）"倍的引入"编排比较。

沪少版教材呈现的是主题图"游乐场"中的"划船"生活情境（见图 2-33）。图中有 1 条黄船、2 条绿船和 3 条红船，共 6 条船，且每条船上的人数相同，都是 3 人。教材首先根据情境图中的信息呈现"6 个 3 也是 3 的 6 倍"，引出"倍"，然后依次揭示 1 倍、2 倍、3 倍的含义，并计算一个数的几倍是多少。教材揭示"1 倍"是这样编排的：呈现 1 条黄船上有 3 人，看作 1份，揭示"1 个 3 也可以说成 3 的 1 倍"，黄船上的人数是 $1×3=3$ 或 $3×1=3$，即"1 份→1 个 3→3 的 1 倍→乘法算式"，借助"份"和"几个几"揭示"倍"。教材编排"2 倍"和"3 倍"时，分别把绿船和红船上的人数与黄船上的人数进行比较，得出"几份→几个 3→3 的几倍→乘法算式"，其呈现顺序与"1 倍"完全相同。最后由 3 的 1 倍、3 的 2 倍、3 的 3 倍类推出 3 的 4 倍、3的 5 倍、3 的 6 倍，概括总结出"几个 3 就是 3 的几倍"。

图 2-33　沪少版教材第三册第 14 页

　　青岛版教材呈现的是"做中国结"的生活情境（见图 2-34）。凯蒂做了 2 个中国结，菲菲做的个数是凯蒂的 3 倍，要解决的问题是"菲菲做了多少个中国结？"解决这个问题，首先要理解"3 倍"是什么意思。教材先呈现凯蒂做的 2 个中国结，然后分组呈现菲菲做的中国结，借助实物直观揭示"2 的 3 倍就是 3 个 2"，计算"菲菲做了多少个中国结"可以列乘法算式，借助旧知识"几个几"揭示"倍"。

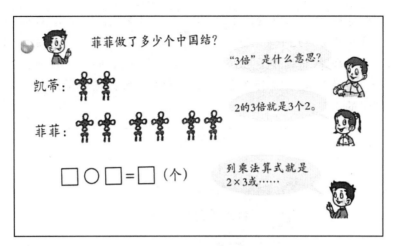

图 2-34　青岛版教材第三册第 46 页

比较上面两种教材引入倍的方式,我们可以发现它们的相同点如下。

①两种教材都没有给"倍"下定义,与其他版本教材编排一样,都是通过具体的教学活动让学生体会"倍"的含义。

②两种教材揭示倍的含义时,都呈现了乘法算式,并且解决了"求一个数的几倍是多少"的问题,这说明两种教材都是通过"倍"来进一步理解乘法的含义,也就是借助现实情境模型中的倍数问题帮助学生进一步理解、丰富乘法的意义,反过来说,两种教材是从乘法的角度帮助学生理解倍的含义。

除了以上共性外,两种教材也有不同之处。

①虽然两种教材都是在具体情境中,借助已有的知识理解倍的含义,但沪少版教材是借助"份"和"几个几"揭示倍,按照"几份→几个几→几倍→乘法算式"的思维过程理解倍。青岛版教材只借助"几个几"揭示倍,按照"几倍→几个几→乘法算式"的思维过程理解倍。

②沪少版教材从"1 倍"开始认识"倍",只是这里的"1 倍"并不是两个量比较的结果,而是根据"1 份"明确"1 个几",直接告诉 1 个几就是几的 1 倍。沪少版教材把"1 份"作为建立"倍"概念的关键,根据"1 份"这个标准,再进行两个量的比较,另一个量有这样的几份,就是 1 份量的几倍。沪少版教材还呈现了"加倍"这个词,明确"2 倍就是加倍"。青岛版教材没有编排认识"1 倍"和"加倍"的内容。

③沪少版教材在建立倍概念时选用的倍数关系分别有 1 倍、2 倍和 3 倍,以"直观图+文字"的形式非常细致地揭示倍的含义,然后引导学生自主类推出其他倍数关系,并归纳概括出"几个 3 就是 3 的几倍",帮助学生建构倍的模型。青岛版教材选用的两个量的倍数关系是 3 倍,是在解决"求一个数的几倍是多少"的问题中揭示倍的含义。

④沪少版教材所选素材利于学生感受"几个几"。情境图"划船"很直观地呈现了"几个几",不需要把素材分组呈现,也不需要借助圈一圈的活动,就可以一目了然地看出是"几个几"。

(2)"倍的巩固"编排比较。

沪少版教材(见图 2-35)在学生初步认识倍的含义后,先呈现了主题图"游乐场"中的"转杯"生活情境。把"绿杯"中的人数看作1份,即1个4,让学生依次填出"红杯"中的人数和转杯中的总人数分别有几份→几个4→4的几倍→是"绿杯"中人数的几倍,并列乘法算式计算转杯中的人数。接下来,教材编排了"比绳子"的活动,学生借助直观图,仍然按照"□份→□个□→□的□倍→乘法算式"的思维过程,找出蓝色绳子和红色绳子长度之间的倍数关系,并计算出蓝色绳子的长度。

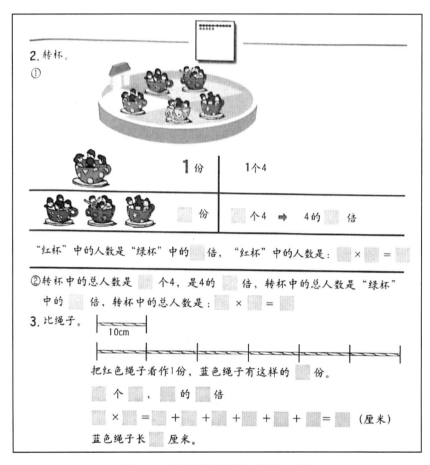

图 2-35　沪少版教材第三册第 15 页

青岛版教材(见图2-36)在学生初步认识倍的含义后,编排了一个问题:你能举例说说"倍"是什么意思吗?

 你能举例说说"倍"是什么意思吗?

图 2-36　青岛版教材第三册第 46 页

通过上面的分析,可以发现两个版本的教材在编排"倍的巩固"活动时,都没有编排学生动手操作的活动。两个版本的教材编排的"倍的巩固"活动各有特色。沪少版教材注重为学生提供探索的空间,帮助学生巩固倍概念,编排的活动注重呈现清晰的思维过程,该过程与引入倍概念的思维过程完全相同。青岛版教材注重学生的自主表达,借助举例活动巩固倍的认识。学生可以采用语言表述、画图表征等方式呈现自己对倍的理解,该活动为学生提供了较为开放的表达空间。

2.2.3 习题分析比较

习题是教材的重要组成部分,习题的设计对促进学生掌握知识、形成技能、提升素养有着重要的作用。对不同版本教材习题进行分析比较,有助于我们更好地挖掘习题价值,科学合理地使用与设计习题,从而减轻学生学习负担,促进学生的发展。

> **思考**
>
> 同一时期出版的不同版本的教材,它们的习题编排有何异同?

本节研究是把"倍的认识"和"倍的应用"的习题放在一起分析比较,包括例题之后的随堂练习和单元练习中的习题,统计的是整册教材中所有和"倍"有关的习题。

◎习题数量的异同

表 2-4 是对七个版本教材中"倍的认识"和"倍的应用"的习题数量进行的统计。

表 2-4 各版本教材习题数量情况

教材版本	北师大版	苏教版	浙教版	冀教版	西师大版	沪少版	青岛版
习题数量	26 道	38 道	18 道	22 道	29 道	18 道	20 道

从表 2-4 中可以看出,七个版本教材编排的习题数量差异较大,苏教版教材中的习题数量最多,这与苏教版教材的编排特点有关。苏教版教材在三年级上册第一单元"两、三位数乘一位数"中编排了"倍的认识"和"倍的应用"学习内容,并在后面的学习单元中结合学习内容编排有关"倍"的练习题,对"倍"的知识经常进行巩固练习,所以习题数量较多。

◎习题类型的异同

表 2-5 是对七个版本教材中"倍的认识"和"倍的应用"的习题类型进行的统计。

表 2-5 各版本教材习题类型情况

教材版本	题型											
	先操作,再填(说)几倍、算式、几倍量	根据倍数关系画一画,或先画后算和先算后画	看图填几倍、几倍量、列算式	从信息中选取两个数说一说它们之间的倍数关系	先看图估一估两个量之间的倍数关系,再算一算	找一找生活中与"倍"有关的实际问题	填写一个数是另一个数的几倍或一个数的几倍是多少	解决问题	举例说一说"几倍"的意思	选择合适的条件提出"倍"的问题并解答	文字题	其他
北师大版	√	√	√	√	√	√		√	√			√
苏教版	√	√						√				
浙教版	√			√	√		√	√				√

续　表

教材版本	先操作，再填(说)几倍、算式、几倍量	根据倍数关系画一画，或先画后算和先算后画	看图填几倍、几倍量、列算式	从信息中选取两个数说一说它们之间的倍数关系	先看图估两个量之间的倍数关系，再算一算	找一找生活中与"倍"有关的实际问题	填写一个数是另一个数的几倍或一个数的几倍是多少	解决问题	举例说一说"几倍"的意思	选择合适的条件提出"倍"的问题并解答	文字题	其他
冀教版	√	√	√					√		√		
西师大版	√	√	√				√	√			√	√
沪少版		√					√	√				
青岛版	√	√						√				√

　　这里需要说明两点：一是"先操作，再填(说)几倍、算式、几倍量"类型习题中的操作活动包括"摆一摆、画一画、圈一圈、连一连、量一量"等活动；二是其他类型习题包括"游戏、找一个数的倍数"等内容。

　　(1)从表 2-5 中可以看出，七种教材共有的习题类型是解决问题，表 2-6 是对七种教材中"解决问题"习题内容进行的统计。

表 2-6　各版本教材"解决问题"习题内容情况

教材版本	题　型		
	求一个数是另一个数的几倍	求一个数的几倍是多少	几倍多几(少几)
北师大版	√	√	
苏教版	√	√	√
浙教版	√	√	
冀教版	√	√	
西师大版	√	√	√
沪少版	√	√	
青岛版	√	√	

　　从表 2-6 中可以看出，七个版本教材中都编排了"求一个数是另一个数的几倍"和"求一个数的几倍是多少"的问题。其中，浙教版、冀教版、西师大版和青岛版教材以题组形式呈现连续的情境，通过改变情境中两个比较的量的数量，让学生在"变化"中进一步认识倍。浙教版教材所选素材是黑兔和白兔数量之间的倍数关系，如浙教版教材第三册第 105 页习题：

　　黑兔有 2 只，白兔的只数是黑兔的 3 倍。白兔有几只？

　　(1)如果又跑来 1 只黑兔，白兔的只数还是黑兔的 3 倍吗？

　　(2)如果黑兔有 3 只，白兔的只数还是黑兔的 3 倍。白兔应该有几只？

(3)如果白兔的只数是黑兔的 4 倍,把下表填完整。

黑兔的只数	白兔的只数
2	
5	
	28
	36

冀教版(见图 2-37)、西师大版和青岛版教材所选素材是年龄之间的倍数关系,而且都是先求今年妈妈和孩子年龄之间的倍数关系,再求明年妈妈和孩子年龄之间的倍数关系,其中青岛版和冀教版教材素材中的数据一样。

图 2-37　冀教版教材第 101 页习题

(2)苏教版和西师大版教材中还编排了"几倍多几(少几)"的问题(见图 2-38、2-39),西师大版教材是以思考题的形式呈现"几倍多几"的问题。

图 2-38　苏教版三年级上册第 77 页习题

图 2-39　西师大版二年级上册第 105 页习题

(3)有六个版本的教材编排了"先操作,再填(说)几倍、算式、几倍量"和"根据倍数关系画一画,或先画后算和先算后画"的习题(见图 2-40—2-43),有五个版本的教材编排了"看图填几倍、几倍量、列算式"的习题,这说明教材在编排练习题时,注重将两个量的数量关系直观化,借助直观图帮助学生巩固倍,并积累用图示学习数学的经验。

1. 圈一圈，填一填。

图 2-40　北师大版二年级上册第 71 页习题

1. ☺的个数是☹的 2 倍，请你画出☺。

有 □ 个☺。□○□=□（　）

图 2-41　北师大版二年级上册第 74 页习题

1. 先摆一摆，再填空。

（1）摆 3 个○，△的个数是○的 4 倍。要摆（　　）个△。

□○□=□

（2）摆 5 个▨，○的个数是▨的 2 倍。要摆（　　）个○。

□○□=□

图 2-42　苏教版三年级上册第 7 页习题

2. 画一画，填一填。

图 2-43　北师大版二年级上册第 71 页习题

（4）北师大版教材中的题型最为丰富，"先看图估一估两个量之间的倍数关系，再算一算""找一找生活中与'倍'有关的实际问题""举例说一说'几倍'的意思"，这些都是北师大版教材独有的习题类型，教材在编排倍的巩固练习中，注重多角度帮助学生理解倍的概念和建立数学模型。

2.2.4　教材横向比较对教学的启示

根据上述比较结果，教学中，教师可以设计丰富的学习活动，帮助学生感悟倍的本质。

（1）借助直观活动，建立"倍"与"几个几"和"份"的联结。

在引入倍的概念的活动中，三个版本的教材都没有给"倍"下定义，而是在具体直观的活动中，将学生已经学过的"几个几"或"份"转化为新知识"倍"。所以，在教学中，可以为学生提供几组结构性材料，让学生找出其中的"几个几"，再借助"几份"，揭示倍的概念。教学过程可以这样设计：

师:(出示图 1)从图中,你知道了什么?

图 1: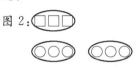

师:想一想:你能看出圆的个数里面有几个方块的个数吗? 也就是 6 里面有几个 3?

师:谁能用圈一圈的方法,让别人一眼就能看出圆形的个数里面有几个 3?

师:(根据学生交流结果,出示图 2)为什么把 3 个圆圈在一起,而不是 2 个圆圈在一起?

图 2:

师:因为是把圆的个数和方块的个数进行比较,我们要以方块的个数为标准,方块的个数是 3,所以要 3 个一圈。在这幅图中,方块有 3 个,我们把它看作一份,圆的个数有 2 个 3,就有这样的 2 份,像这样,我们就说,圆的个数是方块个数的 2 倍。

师:(出示图 3、图 4、图 5)接下来,考验你们的时候到了。分别圈出这几幅图中圆的个数里面有几个方块的个数,说一说这几幅图中圆和方块的个数之间的倍数关系,你发现了什么?

图 3:□□□
　　　○○○○○○○○○

图 4:□□□
　　　○○○○○○○○○○○○

图 5:□□□
　　　○○○○○○○○○○○○○○○

师:方块的个数都是 3 个,圆的个数是几个 3,就是方块的几倍。比较时,都是把方块的个数作为标准,看作一份,圆有这样的几份,就是方块的几倍。

(2)借助辨析活动,沟通"差比"与"倍比"。

苏教版教材在引入倍的概念时,呈现了比较的两种基本方法:"差比"和"倍比"。差比是学生已经学过的数量关系,学生比较两个数量的关系时,从"差比"开始思考是非常符合儿童认知规律的,而引导学生从"差比"过渡到"倍比",则需要教师设计能够沟通两者的活动。例如,设计辨析问题(见图 2-44),以前看到这幅图,学生也许只知道苹果的个数比梨多 3 个,或梨的个数比苹果少 3 个。但通过辨析活动,学生逐渐能够明白"倍"与"多几(少几)"都是两个量进行比较后得出的结果,在比较时都要找标准。不同的是"比多少"是看另一个量比标准多几或少几,"倍"是看另一个量里有几个标准,从而帮助学生沟通知识间的联系,完善知识网络。

想一想：谁说的对？

苹果比梨多3个。

苹果的个数是梨的4倍。

图 2-44

这道题还可以改变学生对"数量关系"问题的思维定式,学生会发现两个答案都是正确的,进而有助于学生养成认真审题的好习惯。

(3)借助操作活动,抽象出倍的模型。

从三个版本的教材都在巩固倍的概念时设计了操作活动这一点可以看出,教学中,我们需要在学生初步建立倍的概念后,设计一系列的操作活动,帮助学生抽象出倍的模型,巩固倍的概念。例如,出示学习纸(见图 2-45),学生独立完成后通过问题"你们画的圆和三角形的个数都不一样,为什么圆的个数都是三角形的 2 倍呢?"引导学生发现不论怎么画,都是把三角形的个数看作 1 份,圆形的个数有这样的 2 份。

学习纸

①画一画。

○的个数是△的2倍。

三角形：_____

圆形：_____

②想一想：我画对了吗？

③同桌两人互相检查。

图 2-45

(4)借助变化活动,理解倍的本质。

在巩固"倍的认识"方面,浙教版教材通过在相同情境中的连续变化加深了学生对倍的理解,这一点值得我们学习。通过在同一情境中不断改变标准的数量,可以让学生在连续的变化中加深对倍的本质的理解,认识到倍的本质是以两个量中的一个量为标准,另一个量包含了几个这个量就是它的几倍。教学过程可以这样设计:

师:(出示下图)小明画了一幅图表示○的个数是△的 2 倍,请你们判断,小明画对了吗?

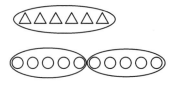

师:小明怎样修改就正确了?

44

师:如果从图中擦去一个三角形(出示下图),擦去后圆形的个数是三角形的 2 倍吗?为什么?

△△△△△

○○○○○○○○○○

师:(出示下图)如果再擦去一些三角形呢?

△△

○○○○○○○○○○

师:观察这几幅图,你发现了什么?

师:虽然圆的个数没有发生变化,但作为一份的"标准"发生了变化,所以倍数也随之发生了变化。看来,"标准"也就是"一份数"很重要。你觉得,我们在判断两个量之间的倍数关系时,应该怎样做?

3 教学前学生学习起点研究

"如果我不得不将所有的教育心理学原理归结为一句话的话,我将会说,影响学习的最重要因素是学生已经知道了什么,我们应当根据学生原有的知识状况进行教学。"奥苏伯尔的这段话强调了研究学生学习起点的重要性。

学生学习新知识之前,大脑并非一片空白,已有的知识技能影响着学生的学习。学生在学习"倍的认识"之前,已经有了哪些与"倍"相关的知识技能呢?关于"倍",学生是一无所知,还是一知半解?或者是知之甚多?学习"倍",他们遇到的困难是什么?明晰了这些问题,也就找到了学生的已有基础和学习困难,就可以很好地把握学生的学习起点。准确把握学习起点,将直接影响"倍的认识"教学过程的设计,是实现有效教学的重要前提。

要想找到学生的已有基础和学习困难,我们可以在教学"倍的认识"这节课之前,对学生进行前测,并对前测结果进行分析,从而准确把握学情。

3.1 前测

比较常用的前测方式有两种,一种是进行问卷调查,一种是进行访谈。在本章中,我们先对学生进行问卷调查,然后根据问卷情况选择部分学生进行访谈,以便更全面地找出学生学习中存在的问题。

3.1.1 前测研究问题

进行前测,需要设计前测问卷,而在设计前测问卷之前,我们首先要明确前测的目的,即要研究的问题,然后根据研究的问题设计前测试题。比如,"倍的认识"前测问卷要研究以下问题。

(1)学生在学习"倍"之前,对"倍"的了解情况怎样?

(2)学生在理解"倍"的概念内涵时的困难和障碍是什么?

(3)三年级学生借助教材自学后,对"倍"的理解与自学前有什么变化?

3.1.2 前测问卷

前测问卷主要包括两部分内容:第一部分是引导语。引导语是关于前测问卷的一些说明,写在前测问卷的开头,主要告诉学生测查的目的和消除学生的紧张心理。

第二部分是试题。这部分是测试问卷的主体,通常根据前测要研究的问题,围绕学生将要学习的知识点、要掌握的技能设计试题。设计试题时,通常会思考"每个研究问题需要设计哪种类型的题目"和"怎样设计可以更好地实现测查目的"等问题。

设计好前测问卷后,我先从三年级一个班级的学生中抽取不同层次的学生各 2 名进行预测,以便发现前测题目及前测过程中存在的问题,如了解前测题目表述是否清晰易于学生理解、测试时间多长为宜、测试结果与学生实际学习情况是否具有一致性等问题,然后对前测试题进行修改完善。

"倍的认识"前测问卷共两份,分两次进行测试。第一次是在学生学习"倍的认识"之前进行,选用前测问卷(一),主要研究"学生在学习'倍'之前,对'倍'的了解情况怎样"和"学生在理解'倍'的概念内涵时的困难和障碍是什么"这两个问题。第二次是在学生自学人教版教材三年级上册第50页的例题后进行测试。选用前测问卷(二),测试的目的是更好地发现"学生在理解'倍'的概念内涵时的困难和障碍"和了解"三年级学生借助教材自学后,对'倍'的理解与自学前有什么变化"。

以下是关于"倍的认识"的两份前测问卷。

"倍的认识"前测问卷(一)

班级: 　　　　姓名:

亲爱的同学:

你好!

在三年级的数学学习中有一个单元是"倍"。学习新知识之前,老师想对你现在的情况做一点了解。你需要完成下面这些题目,你的答题情况不计算分数。请你认真阅读题目,并根据实际情况如实回答。如果你答不上来,请空出。感谢你的参与,祝你学习进步!

1. 你听说过"倍"吗? 　　　　　　　　　　　　　　　　　　(　　)

A. 没有

B. 听说过

如果听说过,你是怎么听说"倍"的? 　　　　　　　　　　　　(　　)

① 自己看课本知道的

② 自己看课外书知道的

③ 家长告诉我的

④ 课外辅导班老师告诉我的

⑤ 其他

(设计意图:测查学生是否知道"倍",了解学生知道"倍"的途径。)

2. 写一写:你觉得"倍"可能与哪些知识有关? 为什么?

(设计意图:了解学生会从哪些方面感知倍,能否把"倍"与已有的知识建立联结,同时发现学生学习"倍"时可能会出现的问题。)

3. 你心目中的倍是什么样的? 简要说一说或画一画。

(设计意图:了解学生对"倍"的认知,从中发现学生学习"倍"时可能会出现的问题。)

4. 圈一圈、填一填、写一写。

苹果:

梨：

梨的个数是苹果的（　　）倍。

我是这样想的：

（设计意图：了解学生是从"差比"还是"倍比"的角度理解"倍"，发现学生学习"倍"的困难和障碍。）

5. 红花：✿ ✿ ✿

　黄花：❀ ❀ ❀

黄花的朵数是红花的（　　）倍。

我是这样想的：

（设计意图：了解学生是否知道两个量相等时，它们之间有1倍的关系。这道题还可测查学生是从"差比"还是"倍比"的角度理解"倍"，发现学生学习"倍"的困难和障碍。）

6. 画一画：请在第一行画△，第二行画○，○的个数是△的3倍。

第一行：

第二行：

（设计意图：了解学生是否理解"倍"的内涵，发现学生学习"倍"的困难和障碍。）

"倍的认识"前测问卷（二）

班级：　　　　　姓名：

亲爱的同学：

你好！

在你自学完课本第50页的内容后，老师想对你现在的情况做一点了解。你需要完成下面这些题目，你的答题情况不计算分数。请你认真阅读题目，并根据实际情况如实回答。如果你答不上来，请空出。感谢你的参与，祝你学习进步！

1. 圈一圈，填一填。

🦋 的只数是 🦗 的（　　）倍。

（设计意图：考查学生是否能够根据倍的含义判断两个量之间的倍数关系，同时了解学生是否会受例题的影响，形成思维定式，以为要2个圈在一起，并不真正理解倍的含义。）

2. 填一填。

●的个数是○的（   ）倍，●的个数是○的（   ）倍，●的个数是●的
（   ）倍。

（设计意图:考查学生能否根据倍的含义判断三个数量之间的倍数关系。）

3.想一想,填一填。

(1)第一行摆 5 根小棒,第二行摆的小棒是第一行的 4 倍,第二行一共摆
（   ）根小棒。

(2)第一行摆 5 根小棒,第二行摆 10 根小棒,第二行小棒的根数是第一行的
（   ）倍。

（设计意图:考查学生是否能够借助摆小棒解决"求一个数的几倍是多少"的问题和"求一个数是另一个数的几倍"的问题。）

4.画一画。

○的个数是△的 4 倍(你能想到几种情况就画几种)。

（设计意图:考查学生对"倍"的含义的理解。）

5.想一想,写一写。

红花:

黄花:

黄花的朵数是红花的（   ）倍。

我是这样想的:

（设计意图:考查学生是否理解"1 倍"的含义,是否能够从"倍比"的角度理解"倍"。）

6.想一想,填一填。

小熊的只数是小猴的（   ）倍;如果走了 1 只小猴,小熊的只数是小猴的（   ）倍。

（设计意图:考查学生是否能够在标准量发生变化后,找出两个量之间的倍数关系。）

7.请你对下面苹果的个数和梨的个数进行比较,并把比较的结果记录下来。

（设计意图:考查学生是否能够从"差比"和"倍比"两个角度对两个量进行比较,是否知道"倍"也是两个量进行比较的结果。）

8.填一填。

(1)6 是 3 的 2 倍,表示 6 里面有（   ）个（   ）。

(2)4 的 5 倍表示（   ）个（   ）。

（设计意图：考查学生在脱离具体情境后，是否能够把"倍"与"几个几"建立联结。）

3.2 学生前测结果分析

对学生进行前测后，需要对学生的前测结果进行分析。首先要统计学生的答题情况，然后根据数据与学生的回答情况进行分析。由于前测的主要目的是了解学生的学习起点，为制订教学设计提供一定的帮助，所以在分析时，要根据学生对倍的知识的理解和掌握情况，为教学设计提供建议。以下是对倍的认识前测问卷测试结果的统计和分析。

3.2.1 第一次前测结果分析

我选取了市区一所小学的一个班级进行前测，测试进行的时间为2021年9月，测试人数62人，利用数学课中25分钟时间对学生进行了测试，要求学生独立思考完成前测问卷。整个测查的过程真实反映了学生对倍的相关知识的理解与掌握情况。具体分析如下。

（1）学生对倍并不陌生。

问卷中的第1题"你听说过倍吗？ A. 没有；B. 听说过。"测查学生对倍是否有初步了解。测查结果显示，选择A的学生共12人，约占测试总人数的19.4%；而选择B的学生共50人，约占测试总人数的80.6%。由此可见，大部分学生对于"倍"已有初步认识，并非一张白纸。学生听说"倍"的途径见表3-1。

表3-1 学生听说"倍"的途径统计表

听说"倍"的途径	自己看课本知道的	自己看课外书知道的	家长告诉我的	课外辅导班老师告诉我的	其他
人数	4人	20人	16人	7人	3人
百分比	6.5%	32.2%	25.8%	11.3%	4.8%

从上述统计结果可以看出，学生了解倍的途径主要是看课外书和家长告知。其中"自己看课外书知道的"学生占比最多，这说明部分学生有课外阅读的好习惯，教师在教学中，可以收集一些关于倍的故事让学生课外进行阅读。

（2）学生对倍的感知很模糊。

第2题"写一写：你觉得'倍'可能与哪些知识有关？为什么？"主要测查学生会从哪些方面感知"倍"，能否把"倍"与已有的知识建立联结，同时从中发现学生学习"倍"时可能会出现的问题。测查结果见表3-2。

表3-2 学生认为"倍"可能与哪些知识有关统计表

倍可能与哪些知识有关	人数	百分比	理由
空白	14人	22.6%	

续　表

倍可能与哪些知识有关	人数	百分比	理由
乘法	22 人	35.5%	①5 的 2 倍是 10,2×5＝10。 ②倍是增加的,所以要用乘法计算。 ③倍就是把这个数加起来,是几倍就是把这个数加几遍。 ④倍是比原数大。 ⑤2×3＝6 的意思就是 2 的 3 倍。 ⑥一个 6 是 6,两个 6 就是 12,也就是 2 倍。 ⑦倍像是被乘出来的
除法	6 人	9.7%	8÷2＝4 就是 8 的 4 倍
乘法、除法	2 人	3.2%	我看课外书时,发现有两种情况。第一种:几的几倍是几。第二种:几是几的几倍。和乘除法很像,所以我认为可能与乘除法有关
减法	2 人	3.2%	①△△△ 　□□□□□　5－3＝2(倍) ②要得出这个数比那个数大几倍,应该用减法
比一个数多	10 人	16.1%	①倍应该是比那个数多几。 ②一个东西比一个东西多多少。 ③与比它多有关。 ④可能比这个数大 1、2、3、4 就是倍
其他	6 人	9.7%	注:写出的理由与数学知识无关

这里需要说明的是,有的学生在问卷中只写出自己觉得倍可能与哪些知识有关,但没有写出理由。我选择了几名学生进行访谈,他们均表示这是自己的猜测,所以没有写理由。

测查结果显示,大多数学生对倍的认识很模糊,并不理解倍的含义。他们虽然见过或听说过倍,但对倍只是有一点点模糊的印象,并不清楚倍表示什么,什么是倍。认为"倍"与"比一个数多"或"减法"有关的学生,认为倍表示"多",比一个数多的部分才是倍,这样的感知是不正确的,教师在教学中,要注重引导学生对差比和倍比进行区分。在学完"倍的认识"单元后,教师还可以对倍的有关知识进行梳理联结,帮助学生建立对倍的整体感知。

(3)部分学生认为当一个量比另一个量多时,两个量之间才有倍数关系。

第 3 题:"你心目中的倍是什么样的?简要说一说或画一画。"

在本题中,学生采用的表达方式分别有画图、文字描述和算式。能正确说明倍的学生有 16 人,约占总人数的 25.8%;空白和表述错误的学生共 46 人,约占总人数的 74.2%。

在表述错误的学生中,30 人认为当一个量比另一个量多时,它们之间才有倍数关系,约占总人数的 48.4%,其中:8 人认为一个量比另一个量多 1 倍时,这个量是另一个量的 1 倍,约占总人数的 12.9%;4 人认为一个量比另一个量多几就是几倍,约占总人数的 6.5%;18 人只画出了"一个量比另一个量多"的图,但没有写出两个量之间的倍数关系,约占总人数的 29.0%。

测查结果显示,近一半的学生认为当一个量比另一个量多时,它们之间才有倍数关系。教师在教学中,要设计丰富的活动,帮助学生理解倍的本质,明确两个量进行比较,一个量里有几个另一个量,就是它的几倍。

第 4 题要求学生先圈一圈,再填写出梨和苹果个数之间的倍数关系,有 46 人只填写出倍数关系,但没有圈一圈,约占总人数的 74.2%,这说明大部分学生读题不认真,教学中需要加强对学生认真读题习惯的培养。学生填写的答案见表 3-3。

表 3-3　前测问卷(一)第 4 题学生答案统计表

梨的个数是苹果的( )倍	4 倍	3 倍	2 倍
人数	14 人	24 人	24 人
百分比	22.6%	38.7%	38.7%

测查结果显示,22.6%的学生认为梨比苹果多了 4 个,所以梨的个数是苹果的 4 倍(见图 3-1);38.7%的学生填写正确,认为梨的个数是苹果的 3 倍;38.7%的学生认为梨的个数是苹果的 2 倍,他们通过画图、算式或文字表述呈现判断的理由,理由均为苹果有 2 个,梨比苹果多了 2 个 2,所以梨是苹果的 2 倍(见图 3-2),说明这部分学生认为倍是两个量比较的结果,在进行比较时,是把苹果的个数作为标准。填写"3 倍"和"2 倍"的学生知道把苹果的个数看作 1 组,不是一个一个地比较,而是一组一组地比较。

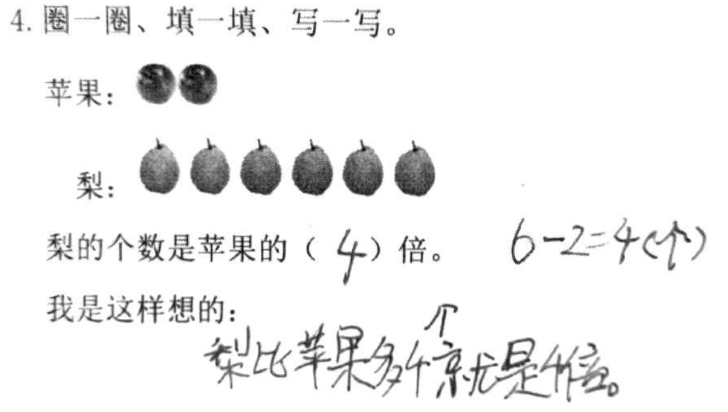

4.圈一圈、填一填、写一写。

苹果：

梨：

梨的个数是苹果的（ 4 ）倍。　6-2=4(个)

我是这样想的：

梨比苹果多4个↑就是4倍。

图 3-1　三年级某学生的答案

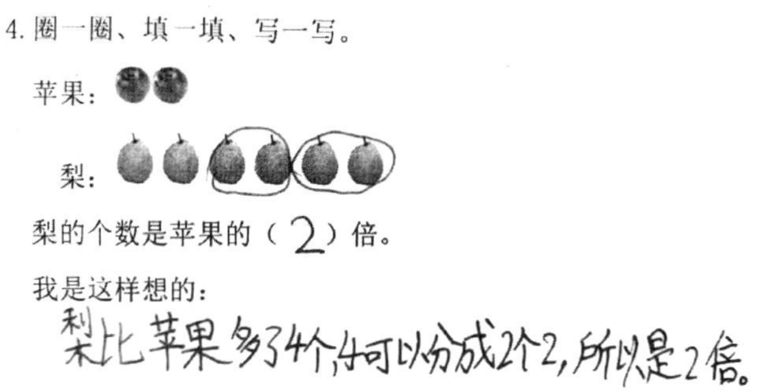

4.圈一圈、填一填、写一写。

苹果：

梨：

梨的个数是苹果的（ 2 ）倍。

我是这样想的：

梨比苹果多了4个,4可以分成2个2,所以是2倍。

图 3-2　三年级某学生的答案

从上述结果可以看出,大多数学生认为倍存在于一个量比另一个量多的部分中。教学中,可以呈现上述三种不同的说法及理由,组织学生讨论"你认为哪一种说法是正确的?"在讨论辨析的过程中,帮助学生明晰倍的含义。

第 5 题主要测查学生是否知道两个量相等时,它们之间有 1 倍的关系。测查结果见表 3-4。

表 3-4　前测问卷(一)第 5 题学生答案统计表

黄花的朵数是红花的(　　)倍	0 倍	1 倍	6 倍	空白
人数	39 人	18 人	1 人	4 人
百分比	62.9%	29.0%	1.6%	6.5%

　　测查结果显示,大多数学生认为"黄花的朵数是红花的 0 倍",他们判断的理由是"黄花和红花一样多,黄花没有比红花多的朵数,所以黄花的朵数和红花的朵数之间没有倍数关系,也就是 0 倍"(见图 3-3、3-4)。认为"黄花的朵数是红花的 6 倍"的这名学生判断的理由是"黄花 3 朵,红花 3 朵,合起来是 6 朵,就是 6 倍"。教学中,可以在学生认识倍之后,设计不断变化比较量的活动,当比较量变得和标准量同样多时,渗透 1 倍的概念。

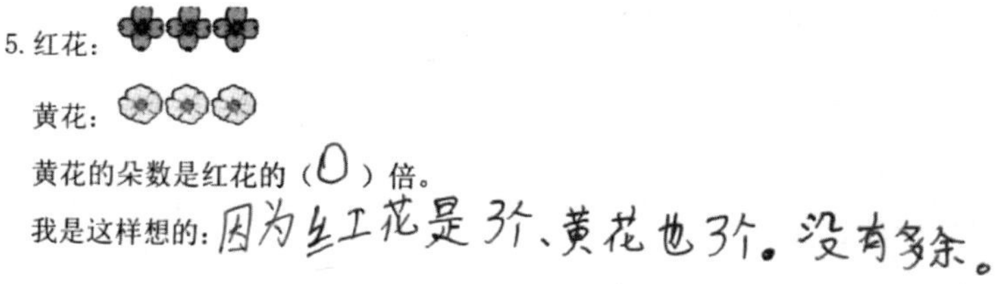

图 3-3　三年级某学生的答案 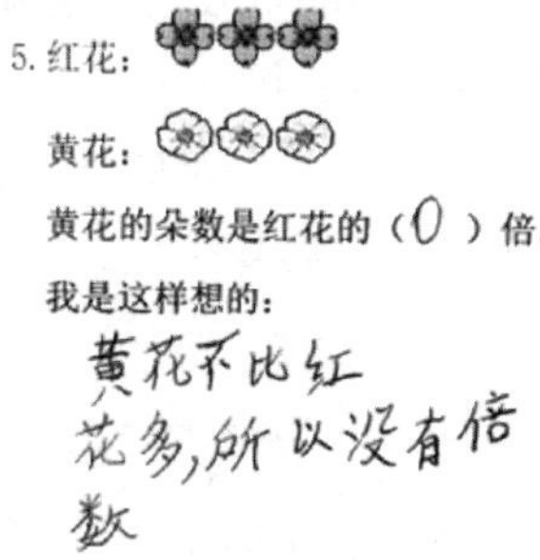　　　　图 3-4　三年级某学生的答案

　　第 6 题是画一画的活动:请在第一行画△,第二行画○,○的个数是△的 3 倍。测查结果显示,28 人能正确画出○的个数是△的 3 倍,约占总人数的 45.2%;19 人画的是"○的个数比△多 3 个",约占总人数的 30.6%(见图 3-5);13 人画的是"○的个数比△多 3 倍",约占总人数的 21.0%(见图 3-6);1 人画的是"○的个数和△的个数相等",约占总人数的 1.6%;1 人空白,约占总人数的 1.6%。从上述结果可以看出,认为"○比△多的个数,就是两者之间的倍数关系""○比△多的倍数,就是两者之间的倍数关系"是学生最容易出现的错误。教师在教学中,可以在练习环节呈现判断倍数关系的错例,组织学生进行辨析,从而加深对倍的含义的理解。

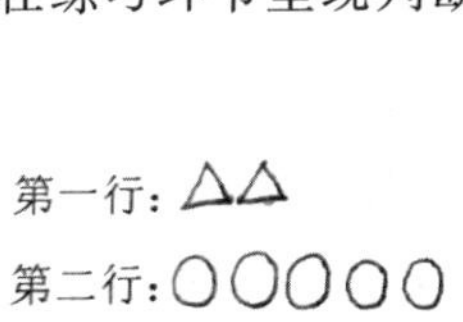

图 3-5　三年级某学生的答案 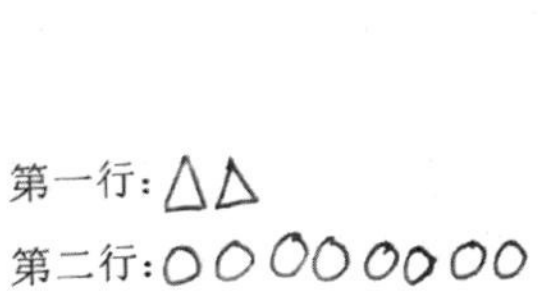　　　图 3-6　三年级某学生的答案

　　从上述前测分析中,我们可以发现虽然在学习"倍"之前,听说过"倍"的学生并不少,但了解"倍"的学生并不多,学生对"倍"的整体感知比较模糊,学生在理解"倍"的概念内涵时的困难和障碍是:受"差比"的影响,他们认为只有当一个量比另一个量多时,两个量之间才有倍数关系,倍存在于一个量比另一个量多的部分中。教师在教学中,要围绕理解倍的本质设计多种活动,通过圈一圈、摆一摆、画一画等操作活动帮助学生建立倍的概念,设计变式题和反例,帮助学生进一步加深对倍的理解。

3.2.2 第二次前测结果分析

倍是一个比较抽象的概念,学生在学习倍时其认知结构需要发生转变,而认知结构的转变对学生来说是有困难的,所以学生学习倍会有一定的难度。从第一次前测中,我们也可以发现这一点。第一次前测是在学生学习倍之前进行的,除了4人曾经看过教材中关于倍的内容外,大多数学生并没有阅读过教材,由此想到,学生自学教材中编排的"倍的认识"内容后,他们对倍的认识又是怎样的呢? 于是,我对学生进行了第二次前测,测试进行的时间为2021年10月8日,测查对象不变,仍是同一个班级的62人,利用数学课中25分钟时间对学生进行了测试,测查过程为:学生先自学教材(人教版教材三年级上册第50页内容)5分钟,然后完成前测问卷(二),时间为20分钟,要求学生独立思考完成问卷。整个测查的过程真实反映了学生对倍的相关知识的理解与掌握情况。以下是对第二次前测结果的分析。

(1)超过一半的学生能准确找出两个量之间的倍数关系。

圈一圈,填一填。

![蝴蝶]的只数是![蜻蜓]的( )倍。

这道题主要考查学生是否能够根据倍的含义判断两个量之间的倍数关系。题目中呈现的标准量的数量(蜻蜓的只数)是4只,和例题中标准量的数量(胡萝卜的数量2根)不同,这样设计是为了防止学生因模仿而进行圈画,从而不能真实地测查出学生对倍的意义的理解情况,同时,这样设计还可以了解学生是否会受例题的影响,形成思维定式,仍是2个圈在一起,并不真正理解倍的含义。测查结果见表3-5。

表3-5 前测问卷(二)第1题学生答案统计表

蝴蝶是蜻蜓的( )倍	2倍	4倍	1倍
人数	41人	7人	14人
百分比	66.1%	11.3%	22.6%

66.1%的学生能准确找出两个量之间的倍数关系,而且在圈一圈的活动中,是把4只蝴蝶圈在一起。

填写"4倍"的学生共7人,其中有2人在圈一圈时,是把2只蝴蝶圈在一起。我对其中的一名学生进行了访谈:

师:你好,老师想了解一下,你为什么把2只蝴蝶圈在一起(见图3-7)?

1.圈一圈，填一填。

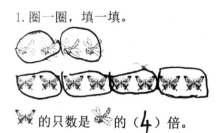

的只数是 的（4）倍。

图3-7 三年级某学生的答案

生:我看到书上就是2个2个地圈在一起,所以我就这样2个圈在一起。

师:你填写的蝴蝶的只数是蜻蜓的4倍,你是怎么想的?

生:因为蝴蝶有4个圈,所以是4倍。

师:我明白了,谢谢你。

在填写"4倍"的学生中,有5人是把4只蝴蝶圈在一起,我对其中的一名学生进行了访谈:

师:你好,老师想了解一下,你为什么把4只蝴蝶圈在一起(见图3-8)?

1.圈一圈,填一填。

的只数是 的（4）倍。

图3-8 三年级某学生的答案

生:因为蜻蜓有4只。

师:你填写的蝴蝶的只数是蜻蜓的4倍,你是怎么想的?

生:蝴蝶比蜻蜓多了4只,就是蜻蜓的4倍。

师:我明白了,谢谢你。

全班共有14人填写"1倍",约占总人数的22.6%。其中有11人只对蝴蝶比蜻蜓多的部分进行了圈画,1人是把多的4只蝴蝶2个2个地圈在一起,10人是把多的4只蝴蝶圈在一起。我分别对他们进行了访谈。

以下是对把多的4只蝴蝶2个2个地圈在一起的学生进行的访谈:

师:你好,老师想了解一下,你为什么把2只蝴蝶圈在一起(见图3-9)?

1.圈一圈，填一填。

的只数是 的（ 1 ）倍。

图 3-9 三年级某学生的答案

生：因为我在课本上看到是 2 根胡萝卜圈在一起，所以我就把 2 只蝴蝶圈在一起了。

师：你为什么只把这 4 只蝴蝶 2 只 2 只地圈在一起？

生：因为这是多的呀。

师：你填写的蝴蝶的只数是蜻蜓的 1 倍，你是怎么想的？

生：因为蜻蜓有 4 只，蝴蝶比蜻蜓多了 4 只，多的只数和蜻蜓的只数一样，是 1 个 4 只，所以是 1 倍。

师：我明白了，谢谢你。

以下是对只把多的 4 只蝴蝶圈在一起的学生进行的访谈：

师：你好，老师想了解一下，你为什么把 4 只蝴蝶圈在一起（见图 3-10）？

1. 圈一圈，填一填。

的只数是 的（ 1 ）倍。

图 3-10 三年级某学生的答案

生：因为蜻蜓有 4 只。

师：你为什么只圈了这 4 只蝴蝶？

生：因为这是多的只数。

师：你填写的蝴蝶的只数是蜻蜓的 1 倍，你是怎么想的？

生：多的蝴蝶和蜻蜓的只数一样，就是 1 倍。

师：我明白了，谢谢你。

从上述结果可以看出，自学课本后，超过一半的学生能准确找出两个量之间的倍数关系，但仍有部分学生认为倍存在于一个量比另一个量多的部分中。由此可见，建立倍概念，需要让学生明白，"倍"和"比多少"是不同的，在判断两个量的倍数关系时，只看比较量里面有几个标准量,而不是看比较量比标准量多的部分。

(2)判断三个量之间的倍数关系,当标准量发生变化时,部分学生判断倍数关系有困难。

第 2 题选自人教版教材三年级上册第 50 页"做一做"中的习题,但对圆片的颜色做了修改,对习题内容做了拓展,比教材习题增加了第三个空。

●的个数是○的(　　　)倍,●的个数是○的(　　　)倍,●的个数是●的(　　　)倍。

这道题主要测查学生能否判断三个量之间的倍数关系。解答这道题,学生填写正确答案的情况见表 3-6。

表 3-6　前测问卷(二)第 2 题正确答案人数统计表

题目内容	第一个空	第二个空	第三个空	整道题
填写正确人数	40 人	37 人	16 人	16 人
百分比	64.5%	59.7%	25.8%	25.8%

从上述结果可以看出,超过一半的学生能正确填出前两个空的答案,只有约四分之一的学生能正确填写第三个空的答案。通过对学生答案的分析,发现第一个空错误的原因有两种:一种是认为"●比○多了 6 个,●的个数就是○的 6 倍";一种是认为"●比○多的个数里面有 2 个 3(○的个数),所以●的个数就是○的 2 倍"。第二个空约有 40.3% 的学生填写错误,错误原因与第一个空的错误原因类似,这里不再赘述;第三个空 74.2% 的学生填写错误,其中填写"3 倍"的学生占测试总人数的 32.3%,填写"6 倍"的学生占测试总人数的 27.4%。我从这两种答案中分别选了一名学生进行访谈。

对填写"3 倍"学生的访谈:

> 师:你好,我看到你填写的是●的个数是●的 3 倍,你能说说你是怎样想的吗?
> 生:●一组有 3 个,●也是 1 组 3 个,●比●多了 3 组,就是 3 倍。
> 师:我明白了,谢谢你!

对填写"6 倍"学生的访谈:

> 师:你好,我看到你填写的是●的个数是●的 6 倍,你能说说你是怎样想的吗?
> 生:上面的●是 3 个在一起(一组),●有 6 组,我想着就是 6 倍。
> 师:我明白了,谢谢你!

从题目中我们可以发现,在前两个空的倍数关系中,标准量不变,都是以 3 个○为标准,而第三个空,标准量发生了变化,这说明,当标准量发生变化时,学生还是很难发现它们之间的倍数关系的。通过访谈我们还可以发现,与前两个空相比,第三个空的准确率下降的另一个原因与标准量的呈现方式有关。前两个空的标准量○的个数(3个)是一组呈现,而第三个空的标准量●的个数(9个),并不是以一组的形式呈现,而是分开为三组,每组3个,这给学生判断倍数关系造成了一个很大的障碍。部分学生在判断时还是以3个圆片为标准,他们呈现的圈一圈的过程,也是把3个●圈在一起,找出两个量之间的倍数关系(见图3-11)。

2.填一填。

● 的个数是○的 (3) 倍,● 的个数是○的 (6) 倍,● 个数是 的 (6) 倍。

图3-11 三年级某学生的答案

这也说明部分学生仅仅通过自学课本,并不明白怎么去判断两个量之间的倍数关系,并没有真正理解倍的含义。他们在看教材的时候,只关注了教材呈现的内容,而没有去深入地思考,为什么是这样? 这个倍数关系是怎么得到的? 教学中,我们可以让学生在课堂中完成这道练习题,然后及时呈现学生的不同想法,组织学生在讨论交流中准确找出三个量之间的倍数关系,真正理解倍的含义。

(3)仍有一部分学生认为倍存在于一个量比另一个量多的部分中。

为了加深学生对倍的含义的理解,同时了解学生是否能够借助摆小棒解决"求一个数的几倍是多少"的问题和"求一个数是另一个数的几倍"的问题,问卷中设计了这样一道题。

3.想一想,填一填。

(1)第一行摆5根小棒,第二行摆的小棒是第一行的4倍,第二行一共摆( )根小棒。

(2)第一行摆5根小棒,第二行摆10根小棒,第二行小棒的根数是第一行的( )倍。

这道题共两个小题,测查结果见表3-7。

表3-7 前测问卷(二)第3题学生答案统计表

题目	第(1)题				第(2)题		
填写的答案	25根	20根	9根	其他	5倍	2倍	1倍
人数	10人	44人	5人	3人	6人	41人	15人
百分比	16.1%	71.0%	8.1%	4.8%	9.7%	66.1%	24.2%

从表3-7可以看出,第(1)题正确率为71.0%,在错误的答案中,约16.1%的学生认为"第二行摆的小棒是第一行的4倍"就是"第二行摆的小棒比第一行多4个5",所以第二行小棒就是5个5根,也就是25根小棒;约8.1%的学生没有读懂题(不认真读题),只是把题目

中呈现的两个数学信息相加得出 5+4＝9(根)。第(2)题的正确率为 66.1%,约 9.7% 的学生认为第二行比第一行多 5 根小棒,第二行小棒的根数是第一行的 5 倍,约 24.2% 的学生认为第二行比第一行多的小棒和第一行小棒的根数相等,所以第二行小棒的根数是第一行的 1 倍。

问卷中的第 4 题是画一画。

4.画一画。

○的个数是△的 4 倍(你能想到几种情况就画几种)。

画图正确的学生有 35 人,其中 30 人的画法在 2 种及 2 种以上,约占总人数的 48.4%。错误的原因主要有两种:一种是认为○的个数比△多 4 个,○的个数就是△的 4 倍;一种认为○的个数比△多 4 倍,○的个数就是△的 4 倍。

在第一次的前测中,一部分学生认为当两个量相等时,它们之间的倍数关系是"0 倍"。那么,学生自学课本后,会不会改变看法,知道当两个量相等时,它们之间有 1 倍的关系呢?为此,在第二份前测问卷中,我又设计了这道题。

5.想一想,写一写。

红花:🌸🌸🌸

黄花:🌼🌼🌼

黄花的朵数是红花的( )倍。

我是这样想的:

测查结果见表 3-8。

表 3-8　前测问卷(二)第 5 题学生答案统计表

黄花的朵数是红花的( )倍	0 倍	1 倍	3 倍	空白
人数	39 人	21 人	1 人	1 人
百分比	62.9%	33.9%	1.6%	1.6%

这道题测查了两次,把学生自学前和自学后的测查结果放在一起比较,我们或许可以发现一些问题,两次测查结果见表 3-9。

表 3-9　两次测查结果统计表

黄花的朵数是红花的( )倍	第一次测查				第二次测查			
填写答案	0 倍	1 倍	6 倍	空白	0 倍	1 倍	3 倍	空白
人数	39 人	18 人	1 人	4 人	39 人	21 人	1 人	1 人
百分比	62.9%	29.0%	1.6%	6.5%	62.9%	33.9%	1.6%	1.6%

测查结果显示,认为"黄花的朵数是红花的 0 倍"的学生人数并没有改变,认为"黄花的朵数是红花的 1 倍"的学生只增加了 4.9%。由此可见,学生受已有的"比多少"知识的影响较大,认为"只有当一个量比另一个量多时,它们之间才有倍数关系"。

为了考查学生是否能够在标准量发生变化后,还能找出两个量之间的倍数关系,前测问卷中设计了这样一道题。

6.想一想,填一填。

小熊的只数是小猴的(　　　　)倍;如果走了 1 只小猴,小熊的只数是小猴的(　　　　)倍。

此题共两个空,全部填写正确的学生有 36 人,约占总人数的 58.1%。认为"小熊比小猴多几,小熊的只数就是小猴的几倍"的有 10 人,约占总人数的 16.1%;认为"小熊比小猴多几倍,小熊的只数就是小猴的几倍"的有 15 人,约占总人数的 24.2%。9 人不能按照原有的思路去思考两者之间的倍数关系。

从上述几道前测题的测查结果来看,虽然自学了课本,但部分学生在判断倍数关系时,仍然受已有的"比多少"知识经验的影响,认为"只有当一个量比另一个量多时,它们之间才有倍数关系""倍存在于一个量比另一个量多的部分中"。

(4)大部分学生不能同时从"多几(少几)"和"倍"两个角度考虑两个量之间的关系。

为了考查学生是否能够从"差比"和"倍比"两个角度对两个量进行比较,知道"多几(少几)"和"倍"都是两个量进行比较的结果,前测问卷中设计了下面这道题。

7.请你对下面苹果的个数和梨的个数进行比较,并把比较的结果记录下来。

测查结果显示,有 3 人从"多与少"和"倍"这两个角度进行记录且记录正确,记录内容为"苹果是梨的 4 倍、苹果比梨多 3 个"或"苹果是梨的 4 倍、4 > 1(或 1 < 4)",约占总人数的 4.8%;有 11 人只从"多与少"的角度记录且记录正确,记录内容为"苹果比梨多 3 个(或梨比苹果少 3 个)""4 > 1(或 1 < 4)",约占总人数的 17.7%;有 22 人只从"倍"的角度记录且记录正确,记录内容为"苹果是梨的 4 倍",约占总人数的 35.5%。在这道题中,出现了把苹果看作标准量的情况,记录内容为"梨是苹果的 4 倍"的有 3 人。这说明如果让学生自己找两个量的倍数关系,有些学生可能会找不准标准量。

(5)部分学生不能在"倍"与"几个几"之间进行转化。

8.填一填。

(1)6是3的2倍,表示6里面有(　　)个(　　　)。

(2)4的5倍表示(　　)个(　　　)。

这道题主要考查学生在脱离具体情境后,是否能够把"倍"与"几个几"建立联结。此题共两小题。第(1)小题填写"2个3"的共47人,约占总人数的75.8%;填写"3个2"的有11人,约占总人数的17.7%。第(2)小题,填写"5个4"的有24人,约占总人数的38.7%;填写"4个5"的有29人,约占总人数的46.8%。

3.3　前测结果分析对教学的启示

(1)关注标准量的确定。

从前测问卷(二)中第7题的测查结果可以发现,学生在找两个量之间的倍数关系时,出现了找错标准量的情况。所以,教学中,在对两个量进行比较时,首先要明确以哪个量为标准量,可以让学生在描述两个量的倍数关系时,先说出谁和谁比。教学中,也可渗透:两个量进行比较时,确定的标准量不同,两个量之间的倍数关系也不同。现在我们学习的倍数关系都是整数倍,即两个量进行比较时,是以较小的量为标准量,其实,较大的量也可以作为标准量,在以后的学习中,我们会学习以较大的量为标准量,怎么表示两个量之间的倍数关系。

(2)沟通"差比"与"倍比"。

从测查结果可以发现,学生自学教材后,仍有一部分学生认为"倍存在于一个量比另一个量多的部分中"。这部分学生对"倍"的认识又分为两种情况,一种情况认为"一个量比另一个量多几,就是另一个量的几倍",另一种情况认为"一个量比另一个量多的部分中,有几个另一个量,就是另一个量的几倍",也就是"一个量比另一个量多几倍,就是另一个量的几倍"。

很明显,学生的上述认知受已有知识经验"比多少"的影响。学习"倍"之前,学生是从"差比"的角度对两个量进行比较的,通常采用"一个量比另一个量多几(少几)"的方式来表示两个量之间的关系。这一经验对学生认识"倍"形成负迁移,部分学生会从一个量比另一个量"多的部分中"去寻找"倍"。事实上,比较两个量,既可以从"差比"的角度进行比较,也可以从"倍比"的角度进行比较,"多几(少几)"与"倍"是采用不同比较方法得到的两种不同的比较结果,它们都表示两个量之间的关系。教学中,我们要沟通"差比"与"倍比",帮助学生打破已有认知,并完善知识结构。比如,在认识"倍"之后,先呈现两种数量不同的物品,请学生分别从"比多少"和"倍"两个角度说一说两个量之间的关系,也可以以判断题的形式呈现题目,请学生对两个量之间的关系进行判断,然后对比分析两种比较方法的"相同"与"不同",相同之处是"比多少"和"倍"都需要先把其中的一个量确定为标准,不同之处是"比多少"要看另一个量比标准多几或少几,而"倍"要看另一个量里有几个标准。

(3)打通"倍"与"几个几"和"几份"的联结。

"倍"的学习建立在"几个几""几份"的基础上,"几个几"和"几份"是学生学习"倍"的知识生长点。学生在学习"乘法的初步认识"和"除法的初步认识"时,是把一个量进行累加和对一个量进行均分,得到的"几个几"或"几份"。而"倍"表示的是两个量之间的关系,把两个量中的较小量(1 个几)看作 1 份,然后以它为标准,看另一个量里有这样的几份(有几个几),就是几倍。教学中,可以先通过圈一圈等操作活动,让学生找出较大的量里有"几个几"或"几份",然后说一说较大量是较小量的几倍,从而打通"倍"与"几个几"和"几份"之间的联系,建立联结。

(4)关注"1 倍"的教学。

两次前测问卷中有一道题是相同的,即填出 3 朵红花和 3 朵黄花之间的倍数关系。非常有意思的是,学生自学课本后,认为当两个量相等时,它们之间的倍数关系是"0 倍"的学生人数并没有改变,仍然有大部分学生认为红花和黄花之间没有倍数关系。由此可见,学生已有的"比多少"的经验影响着"倍"的学习,同时也说明,仅仅凭借自学课本,大部分学生并不能真正理解倍的含义。教学中,要设计丰富的活动,帮助学生理解倍的本质,如呈现相等的两个量,让学生找出它们之间的倍数关系,明白当两个量相等时,无论以哪一个量为标准,它们之间都是 1 倍的关系。

4　教学设计研究

本章所说的教学设计是指教师给学生上课前准备的教学方案。教学设计主要由教学目标和教学过程两部分组成。关于"倍的认识",不同的教师会有不同的教学设计。本章试图对已经发表的"倍的认识"部分教学设计进行综述,并从同课异构、说课研究两方面对"倍的认识"开展进一步研究。

4.1　教学设计综述

"倍"是一节非常重要的概念课,研究这节课的人比较多,我查阅了《小学数学教师》《小学教学》《小学教学设计》《教学月刊》等杂志上刊发的有关"倍的认识"的教学文章以及被中国知网、维普期刊资源整合服务平台和万方数据知识服务平台收录的关于"倍的认识"的教学文章,还有一些专著中收录的关于"倍的认识"的教学文章,共九十多篇,发现教学思路及过程类似的教学设计比较多,本章选择了部分代表性较强的文章进行综述。

4.1.1　教学目标综述

教学目标,既是教学的出发点,也是衡量教学效果好坏的标准。教学目标是在认真研读课标、教材和分析学情的基础上制订的,课堂教学中的行为应围绕教学目标而展开。"倍的认识"的课堂教学目标是什么? 不同的历史阶段对"倍的认识"的教学目标是否相似? 哪些目标没有变化? 新增了哪些目标? 接下来将按照 2001 年以前、2001 年~2011 年间、2011 年以后这三个时间阶段对教学目标进行综述。

◎2001 年以前的教学目标

我们先来看几个 2001 年以前关于"倍的认识"教学设计中的教学目标,然后再来分析它们的特点。

> 教学目标(刘明娟,1994 年):a. 知道倍的含义。b. 能看图说出一个数是另一个数的几倍。
>
> 教学目标(王素琴,1995 年):a. 通过实际操作,理解倍的概念,能说出"一个数的几倍是多少和一个数是另一个数的几倍"。b. 培养观察力、思维能力和良好的学习习惯。
>
> 教学目标(麦剑峰,1998 年):a. 通过直观教学和引导学生操作,初步建立"倍"的概念。b. 能说出一个数是另一个数的几倍的含义。c. 培养学生的观察能力、分析能力、类推能力和运用数学语言讲清思维过程的能力。d. 结合教学内容,渗透联系转化这一辩证唯物主义观点的启蒙教育。

思考

你觉得这几个教学目标有什么相同与不同之处？

从理论上说,教学目标与教学目的是有区别的,但在这里我们不加区别,统一理解为教学目标。从上面三个教学目标的阐述中,我们可以看到,1994 年刘老师制订的教学目标只关注了知识技能维度的目标,1995 年王老师制订的教学目标增加了能力目标,1998 年麦老师是从知识技能、能力和思想教育三个维度制订的教学目标。三位老师在知识技能目标上都关注"倍"概念的理解,要求能说出一个数是另一个数的几倍。20 世纪 90 年代的数学教学比较重视"加强双基,培养能力",从上面的三个目标中可以感受到这一点。1998 年麦老师在教学目标中提出"渗透联系转化这一辩证唯物主义观点的启蒙教育"的目标,这在当时应该是比较前沿、十分有创意的,可能与当时提出素质教育有着密切的联系。

◎2001 年～2011 年间的教学目标

2001 年国家颁布《全日制义务教育数学课程标准(实验稿)》以后,"倍的认识"教学目标会发生怎样的变化? 我们先来看几个 2001 年～2011 年间"倍的认识"的教学目标是怎样阐述的。

教学目标(姚俊明,2004 年):a.初步知道"一个数的几倍"的含义,建立求一个数的几倍是多少的计算思路。b.培养学生操作、观察、推理、迁移的能力及语言表达能力。c.培养学生善于动脑的良好学习习惯和对数学的学习兴趣,培养学生的创新意识和自主探究的能力。

教学目标(黄秀兰,2007 年):a.在具体活动中感知"倍"的含义,逐步体会"倍"与"平均分"之间的联系。b.在理解"倍"的含义的基础上,会用除法算式表示两个量之间的倍数关系。c.培养初步的观察、分析能力。

教学目标(吴萍、焦肖燕,2010 年):a.使学生在具体情境中初步理解倍的含义;知道解决"求一个数是另一个数的几倍"的实际问题就是求一个数里面有几个另一个数,可以用除法来计算。b.使学生经历交流、思考的过程,增强表达的意识和能力,提升数学思考能力。

教学目标(张冬梅、周晓军,2011 年):a.使学生在具体情境中初步理解"倍"的含义,能解决"求一个数是另一个数的几倍"的简单实际问题。b.使学生经历解决简单实际问题的过程,发展初步的观察、比较、操作能力和有条理的表达能力。c.使学生在参与数学活动的过程中,初步体会变与不变的辩证关系,激发对数学学习的兴趣。

教学目标(薛艳、王丽梅,2011 年):a.通过生动活泼的摆一摆、画一画、说一说等直观活动,使学生建立"一个数的几倍"的表象,理解"一个数的几倍"的含义,理解两个数量之间的倍比关系。b.在建立倍的表象过程中,培养学生的观察、推理、迁移的能力及有条理的口头表达能力。c.通过观察、分析、比较,向学生渗透对应的思想方法,在解决实际问题的过程中,使学生感受到数学与现实生活的密切联系。

　　这几个教学目标与 2001 年之前的教学目标相比,有什么变化? 你认为教学目标的阐述应从哪些维度考虑?

　　新一轮的课程改革实施以后,强调了三个维度的教学目标:知识与技能、过程与方法、情感态度与价值观。从上面几个教学目标的阐述中,可以发现 2007 年黄老师、2010 年吴老师与焦老师制订的教学目标只关注了知识与技能、过程与方法两个维度。2004 年姚老师、2011 年张老师与周老师、2011 年薛老师与王老师制订的教学目标关注了知识与技能、过程与方法、情感态度与价值观三个维度。虽然在阐述教学目标时,上述教学目标并没有明确地写出知识与技能、过程与方法、情感态度与价值观这些维度,但我们也可以看出上述目标是从这几个维度考虑的。

　　整体上来说,2001 年~2011 年间的教学目标比 2001 年之前的教学目标内容更丰富,表达更具体完整,更关注学生的发展。2004 年姚老师、2010 年吴老师与焦老师、2011 年张老师与周老师、2011 年薛老师与王老师制订的教学目标都关注了学生表达能力的培养。2001 年~2011 年间的教学目标中还出现了"创新意识""自主探究""数学与生活的密切联系"这些表述,这些都是新课程改革后提出的新观点。2011 年薛老师与王老师制订的过程与方法目标比较具体明确,有具体的学习活动"摆一摆、画一画、说一说"。

　　◎2011 年以后的教学目标

　　2011 年颁布的《义务教育数学课程标准(2011 年版)》明确指出:义务教育阶段数学课程目标分为总目标和学段目标,从知识技能、数学思考、问题解决、情感态度四个方面进行阐述。数学课程目标包括结果目标和过程目标。结果目标使用了"了解""理解""掌握""应用"等行为动词表达,过程目标使用了"经历""体验""探索"等行为动词表达,这些行为动词的同类词有"知道""认识""会""能""感受""体会"等。

　　在新课程标准背景下,关于"倍的认识"教学目标又会有怎样的变化? 我们先来看几个 2011 年以后"倍的认识"教学目标是怎样阐述的。

　　教学目标(凡月琴,2014 年):a.让学生紧密联系生活实际,通过操作,把"倍"的概念与已有的认识"份"联系起来,在具体情境中初步理解"倍"的含义,建立"倍"的概念。b.在充分感知的基础上,建立"求一个数是另一个数的几倍"的计算思路,并能解决简单的实际问题。c.培养学生操作、观察、推理的能力,让学生进一步体会数学与现实生活的联系,增强学习数学的兴趣和信心。

　　教学目标(叶菲菲、陈寿章,2015 年):a.联系具体情境理解"倍"的含义,学会解决"求一个数是另一个数的几倍"的实际问题。b.在学习过程中体会数学知识之间的内在联系,发展观察、比较、抽象、概括和合情推理能力。c.进一步体会数学与现实生活的联系,增强学习数学的兴趣和信心。

　　教学目标(仲云高,2019 年):a.通过数一数、圈一圈、画一画的方法,使学生建立"倍"的概念,理解"倍"的含义,并能运用"倍"的知识解决生活中的实际问题。

b.培养学生的观察能力、操作能力和有条理的语言表达能力。c.在学习活动中让学生体验生活中处处有数学,培养学生积极动脑思考的习惯和主动探索的精神。

教学目标(陈鹏,2020年):a.在充分感知的基础上理解一个数是另一个数几倍的含义,初步建立倍的概念。b.通过动手操作,培养几何直观能力。c.使学生初步体会数学知识与日常生活的联系,培养学生观察、操作分析及语言表达的能力。

教学目标(张仰勇,2020年):a.运用比较的方法理解"几倍"的含义,构建"几个几"与"几倍"的关系,建立"倍"的概念。b.使学生在画一画、摆一摆、比一比的数学活动中构建"倍"的概念模型,培养学生观察和动手的能力。c.在教学情境中感受数学来自生活,培养学生的操作、推理、语言表达能力,激发学生对数学的热爱,感受祖国的强大,渗透家国情怀。

> **思考**
>
> 你觉得上述教学目标是从"知识技能""数学思考""问题解决""情感态度"四个方面进行阐述的吗?

上面的几个教学目标都从"知识技能""数学思考""问题解决""情感态度"四个方面对目标进行阐述,并且采用刻画过程性目标和结果性目标的两类行为动词阐述,在表述教学目标时将四个方面的目标进行有机结合,目标内容体现了数学教育多方面的育人价值。整体上来说,2011年以后的教学目标,内容更加丰富,阐述比较具体明确。如2014年凡老师和2020年张老师制订的教学目标,明确指出要把"倍"与"几个几""份"建立关系,体现了新知识与已有知识的联系。2019年仲老师和2020年张老师制定的教学目标,明确指出学生要经历的数学活动有数一数、圈一圈、画一画、摆一摆、比一比等,注重让学生经历知识的发生过程,在活动中理解"倍"的含义,构建"倍"的概念模型。

值得关注的是,上述几个教学目标分别出现了"让学生进一步体会数学与现实生活的联系""让学生体验生活中处处有数学""体会数学知识与日常生活的联系""感受数学来自生活",这些目标虽然表述不同,但阐述的内容本质是相同的,都体现了数学的应用意识及数学的价值。

这里需要说明的是,因为不同版本教材编写"倍的认识"时,内容略有不同,有的教材把认识"倍"与解决"求一个数是另一个数的几倍"编排在一个课时,所以有的教学目标在知识技能方面增加了"会解决求一个数是另一个数的几倍的实际问题"的目标。

通过上述对2001年以前、2001年~2011年间、2011年以后这三个时间阶段"倍的认识"教学目标的整理和分析,我们可以发现在制订教学目标时,目标阐述要具备"内容明确具体""具有可检测性""促进学生发展"等特点。

4.1.2 教学过程综述

教学过程是为了达成教学目标,教师与学生共同经历的教学活动。《义务教育数学课程标准(2011年版)》指出,教学活动是师生积极参与、交往互动、共同发展的过程。这里将根据"倍的认识"的教学流程对导入方式、概念揭示方式、巩固活动、拓展联结活动分别进行综述。

◎导入方式

课堂导入是课堂教学中的一个重要环节。俗话说,良好的开端是成功的一半。好的导入能快速吸引学生的注意力,激起学生的学习兴趣。

思考

你觉得"倍的认识"这节课,主要有哪些导入方式?

通过对收集到的教学设计文献进行整理、分析,发现"倍的认识"的导入有多种不同的方式,归纳起来主要有六种:复习导入、游戏导入、提问导入、解决问题导入、分享导入、谈话导入。

(1)复习导入。

复习导入大都有着很强的针对性,主要是为了激活学生认知结构中与新知相关的旧知,从而为新知的学习做好知识上的铺垫。我们来看下面两位教师的教学导入。

导入1(吴萍、焦肖燕,2010年)

出示下面的填空让学生口答。

15里面有( )个3,6里面有( )个2,42里面有( )个7。

导入2(徐斌,2013年)

师:6里面有几个3? 用什么方法可以算出来?

生:6÷3=2。

师:10里面有几个2? 15里面有几个5?

(分别对应出示:10÷2=5,15÷5=3)

师:求一个数里面有几个另一个数用什么方法计算?

生:用除法计算。

倍的本质是两个数量在相互比较,一个量里包含了几个另一个量就是它的几倍。求一个数是另一个数的几倍,实际上就是求一个数里面有几个另一个数,要用除法计算。吴老师和徐老师在课始复习"一个数里面有几个另一个数"的口答题,唤醒学生对"一个数里有几个另一个数,用除法计算"的回忆,为新知学习做了铺垫。

(2)游戏导入。

导入1(吴汝萍,2013年)

拍手游戏:老师拍3下,请小朋友比老师多拍3下。

提问:小朋友拍了几下?

引导:如果把拍手的动作在黑板上画出来,可以画什么? 用圆圈可以吗?

在黑板上分别画出老师和小朋友拍手的数量:

3 ●●●

6 ●●●●●●

比较:3和6这两个数之间有什么关系?

讨论得出:6比3多3个,3比6少3个,6里面有2个3。

拍手表示2个3:大家发现6里面正好有2个3,那怎么拍6下,能让人一听就知道6里面正好有2个3?

用图表示2个3:黑板上的图怎么画,能让人一眼看出6里面有2个3?

3

6 ●●● ●●●

揭示倍数关系:6里面正好有2个3,一般我们就说6和3之间有倍数关系。

导入2(王嘉熙,2014年)

拍手游戏:

老师先拍2下,问:如果把老师的拍数看作1份,要求学生的拍数有老师这样的2份,怎么拍?(表扬中间有停顿的学生,并交流好在哪里)

老师拍3下,要求学生的拍数有老师这样的3份,怎么拍?老师拍4下,要求学生的拍数有这样的2份,又该怎么拍?

导入3(凡月琴,2014年)

老师用掌声拍出2个2,让学生说说拍出了几个几。

老师用掌声拍出2个3,在学生说出拍了几个几后,也让学生用掌声拍出2个3。

指名学生用掌声拍出3个3。

全班学生一齐拍出2个4。

倍的概念是依据乘法和除法中的"几个几"和"份"的概念扩展而来的,上述几个导入,虽然游戏要求不同,但都是在拍手游戏中,学生回忆"几个几"和"份"的知识,为新知学习做准备。

(3)提问导入。

导入1(徐斌,2013年)

师:关于"倍",你了解了多少?还想了解什么?

生:我听妈妈说过现在的物价是过去的好几倍。

生:我知道"倍"就是比原来多很多。

生:我想知道为什么要学习"倍"?

生:我想知道什么时候要用到"倍"?

师:接下来我们就带着这些问题开始学习。

导入2(殷千,2019年)

师:公园里有许多美丽的花朵,你能数一数吗?

预设:蓝花有2朵,红花有6朵。

师:根据学过的知识,你能提出哪些数学问题?

预设:两种花一共有多少朵?红花比蓝花多多少朵?蓝花比红花少多少朵?

师:我们可以把这三个问题分一分类,怎么分?

预设:第一个问题是求和,用加法解决。第二个和第三个问题都是在比较两个数量,用减法解决。

师:同学们,对两个数量进行比较,除了比较多少,还有一种比较方法,今天我们就来学习这种特别的比较方法。

培养学生提出问题的能力是数学课程标准实施的重要目标。上述两个导入,虽然提问的素材不同,但都注重让学生自己提问题,有助于培养学生发现问题的意识。

（4）解决问题导入。

导入1(倪斌强,2021年)

出示题目。

第一题:说说第一行的△和第二行的○有什么关系?

第一行:△△△
第二行:○○○○○○

生:第一行比第二行少3个。

生:第二行比第一行多3个。

师:它们除了相差关系还有什么关系呢?这是我们这节课要研究的内容。

用差比的关系比较两个数量,是学生已有的经验,也是新知学习的起点。通过学生解决问题,由关系导入新知学习,顺应了儿童的学习心理,便于后续对差比和倍比进行沟通。在已发表的教学设计中,像这样在解决问题的过程中,由关系引入的导入比较多,大都是呈现情境图,让学生根据情境图中物品的数量,先说说两个数量之间的关系,然后从相差关系引出倍比关系。

导入2(周晓林,2021年)

①出示:□□

师:看到了什么?你能用一个数来表示□的个数吗?

②出示○○○○○○

师:看到了什么?我们不直接用数来表示○的个数,如果把"□□"看成一把尺,你能用它来"量一量"○的个数吗?

问题引领学习,可以较好地激发学生的探究欲望,促进学生进行数学思考。"几个几"是学生学习倍的知识和经验基础,周老师从度量的视角,设计学习活动,驱动学生用"□□"去度量○的个数,帮助学生用"几个几"构建两个量之间的关系,为倍的认识教学打开了一扇新的窗。

(5)分享导入。

导入1(庞琳,2019年)

师:昨晚我们学习了倍的微课,谁来说说你对倍的认识?

生:我知道有2倍、3倍、5倍、10倍、100倍……

生:白萝卜是5倍。

生:白萝卜的根数是胡萝卜的5倍。

师:看来同学们学到了不少知识,只是个别同学还有模糊认识。今天这节课,我们就一起来认清"倍"的真面目,和"倍"交个朋友吧!(出示课题:倍的认识)

这种导入是基于学生已经自学了"倍"的内容(前置微课学习),对"倍"已经有了初步认识,通过学生的分享,教师可以了解学生的学情,发现学生认识"倍"时存在的问题,从而开展有针对性的学习活动。

导入2(傅爱兰,2019年)

课前对学生进行前测,前测题目如下:

请在第一行画圆形,第二行画三角形,要求三角形的个数是圆形的2倍。

师:今天这节课我们一起来研究数学"画",想象一下你心目中的数学画是怎么样的。课前老师让大家画了一幅画,现在我们一起来看看。

出示学生作品,让学生说一说"从图中你获得了哪些数学信息? 圆形和三角形在数量上有什么关系?"

这个分享导入是基于学生的前测结果而采用的导入方式。通过前测了解学生的学情,发现学生学习中的困惑和障碍。课始呈现学生的作品,围绕学生的认知疑惑组织学生进行交流辨析,从而修正学生对"倍"的错误认知,实现了以学定教,基于学生的学情进行教学。

(6)谈话导入。

导入1(席爱勇,2015年)

师:在生活中,人与人之间存在各种各样的关系,如席老师和同学们之间是什么关系?

生:师生关系。

师:说得很准确。

生:朋友关系。

师:我们既可以说是师生关系,也可以说是朋友关系。在数学王国里,数与数之间也存在各种各样的关系,今天我们就一起来研究研究。

导入2(周卫东,2021年)

师:孩子们,今天我们要研究什么内容?

生:(齐)倍的认识。

师:在以前的生活中,你见过"倍"吗?

生:在数学题上见过。

生:我在加油站看到过"油钱乘两倍"这些字。

生:我见过面包师做面包的时候,会变大一倍。

师:考考你,如果面包烤之前长 2 厘米,烤好之后是几厘米呀?

生:(小声)4 厘米。

(学生鼓掌。)

师:好厉害,大一倍都知道了!

生:我在马拉松跑道上见过,就是后面的路是前面路的两倍。

师:如果前面的路是 200 米,后面是多少米?

生:400 米。

(学生鼓掌。)

师:通过简简单单的对话,老师捕捉到了一条信息,咱们二(4)班的小朋友对倍实际上早就有了一定程度的了解,对不对?

(学生点头。)

师:咱们学数学呀,还要一步一步地来! 这个"倍",到底包含着什么道理呢? 让我们先来看一个生活中的简单例子。

导入1在谈话中,由教师与学生之间存在的关系,引发学生对数与数之间关系的思考;导入2在谈话中,既了解了学生的学情,又引发了学生对新知学习的渴望。上述两个导入都注重在师生交流对话中,创设民主平等、轻松和谐的学习氛围,为接下来的新知学习做好情感铺垫。

> **思考**
>
> 上面的导入方式,你比较喜欢哪一种? 为什么? 你觉得课堂导入需要关注哪些特点?

以上教学"倍的认识"的导入方式各有自己的特点,有的教学设计是把两种不同的导入方式结合在一起,比如,复习导入与提问导入相结合,游戏导入与解决问题导入相结合等。不管采用哪种方式导入,都应关注学习兴趣的激发、新旧知识的联系、学习困难的暴露、问题意识的培养及良好情感的孕伏等特点。教学中,具体采用哪种导入方式,要根据确定的教学目标、学生的学情、设计的教学活动,还有课的类型等因素决定。

◎概念揭示方式

"倍"是一个抽象的概念,表示两个量之间的一种关系。两个量相互比较,一个量里包含了几个另一个量就是它的几倍。在数学学习中,新知的学习往往建立在学生已有的经验、知识基础上。教师在教学中,如何借助学生已有的知识揭示"倍"? 通过对收集的教学设计进行整理分析,发现揭示"倍"这一概念,主要有以下几种方式。

(1)由"份"到"倍"。

设计1(张媛、杨开远,2010年)

直观图:3根胡萝卜,6个桃子。

师:把3个萝卜圈成一份,想一想,桃子有这样的几份? 你是怎么看出来的? 谁能上来圈一圈?(指名一生圈)

师:跟你想的一样吗? 那我们也举起手来圈一圈。

师生(边圈边说):3个萝卜是一份,桃子也是3个一份,有这样的2份,我们就可以说桃子的个数是萝卜的2倍。(课件演示)

设计2(吴萍,2013年)

谈话:(贴出一根绿带子和一根红带子)一端对齐比一比,我们一眼就能看出两根带子长度间的相差关系,不过,它们之间还藏着另一种关系呢!

提问:如果把绿带子的长看作一份,(板书)估一估,红带子的长有几个这样的一份? 是这样吗?(用绿带子这一份来量一量,每一份做记号,正好是这样的3份)

揭示:在比较带子的长度时,把绿带子的长看作一份,红带子的长有3个这样的一份,红带子的长是绿带子的3倍。

反思:想一想,我们是怎么知道"红带子的长是绿带子的3倍"的?

启发:把( )看作一份,( )有( )个这样的一份,( )的长是( )的( )倍。看着带子图,同桌之间再轻轻说一说。

设计3(李结云,2020年)

在黑板上贴出2个苹果、6个梨。

师:如果把2个苹果看作一份,那么6个梨子里面有这样的几份? 怎样摆能让人一眼看出?(一个学生在黑板上摆,把6个梨子摆为每2个一份)

师小结:苹果有2个,看作1份,梨子有这样的3份,在数学上我们可以说,梨的个数是苹果的3倍。(板书:梨的个数是苹果的3倍)

"份"是学生已有的知识,上述几个揭示"倍"的方式,分别通过"圈""量""摆"的操作活动,把"倍"与已有的知识"份"建立了联系。其中,设计2还渗透了度量的意识,用1份的量去度量另一个量,度量的结果用"倍"表示。

(2)由"几个几"到"倍"。

设计(王凤娟、孔德志,2015年)

师:小兔子们今天准备过一个收获节。仔细观察这幅图,说说图中有什么,并数一数,它们分别有多少?

生:图中有6只小兔子,2根胡萝卜,6根红萝卜,10根白萝卜。

师:仔细观察红萝卜的根数和胡萝卜的根数有怎样的关系。请同学拿出两种学具分别代表胡萝卜和红萝卜来摆一摆:第一行先摆胡萝卜2根,第二行再摆红萝卜6根。

师:你是怎么摆的,为什么这么摆,胡萝卜的根数和红萝卜的根数有什么关系?

生:胡萝卜2根放一起,红萝卜每两根放一起,是3个2根。

(教师根据学生的回答,用课件演示每两根圈一圈。)

师:胡萝卜2根,红萝卜是3个2根,我们就说红萝卜的根数是胡萝卜的3倍。这就是数学王国的新朋友——倍。

这种设计,让"倍"建立在"几个几"的基础上,基于学生已有知识"几个几"来揭示"倍"。

(3)从"一样多"到"倍"。

设计(俞正强执教、章颖记录,2017年)

流程一:经验的激活

①教学"一样多"

a.谈话

板书:一样多

师:把这3个字读一读,"一样多"。

师:什么时候会用到"一样多"?

学生自由发言。

师小结:"一样多"肯定是谁和谁在比多少。

b.拍手游戏

师:请你跟我一样多,我就跟你一样多。

师拍3下,学生也拍了3下。

师:为什么刚才拍了3下?

生:老师拍了3下,所以我拍了3下。

生:因为要和老师一样多。

生:要以老师为准。

师小结:"一样多",以老师的3下为标准。

c.画一画

师:我画△,你们画○跟我"一样多"。

第一次:画△——○

师:为什么画1个?

生:老师画了1个。

第二次:△△△△——○○○○

师:画了几个? 为什么?

②教学"两个一样多"

板书:两个一样多

a. 拍手游戏

师:读,懂吗?

师拍 3 下。

生 1 连着拍 6 下。

生 2 先拍 3 下,再拍 3 下。

师:它们拍得有不一样吗?

生 1:一个连续拍 6 下,一个拍 3 下停一停又拍 3 下。

师:你为什么拍 3 下停下后又拍 3 下?

生 2:两个一样多,先拍 3 下,再重复一次。

师:哪位同学拍得好? 为什么?

师小结:两个"一样多",先确立"一样多",再重复一次。

全班拍手游戏体验:两个一样多。

b. 画一画:两个一样多

△△→△△　△△

师:为什么要分开?

c. 体验"三个一样多"(同上)

流程二:概念的建立

活动:换个说法

师:我说谁和谁一样多,你说谁是谁的 1 倍。(师说生改)

板书:△和○一样多

　　　△是○的 1 倍

师:……两个一样多。

生:……的 2 倍。

问题 1:你能依次说吗?

问题 2:你能用这句话,举个生活中的例子吗? 谁是谁的几倍?

上述活动,先让学生体会"一样多"也就是体会标准。接着教学"两个一样多""三个一样多"。最后揭示"倍",让学生明白"几个一样多就是几倍"。这种设计借助拍手游戏和"画一画"活动充分唤醒学生关于"一样多"的经验,通过活动把"倍"与已有的经验"一样多"建立了联系。

(4)从"特殊的关系"到"倍"。

设计(郭立军、刘凤伟,2016 年)

活动一:动手操作

用圆片摆出 3 和 4 比,3 和 5 比,3 和 6 比。

预设:

①●●●

　○○○○

活动二:观察比较

①说一说,这三组比较有什么相同?

②哪一组与另外两组相比,与众不同?

预设: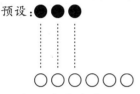

活动三:表达关系

①用你喜欢的方式来表达 6 和 3 这种特殊的关系。

②2 在哪里?

③为什么要 3 个一圈?

④明明是 3 个,为什么要说成是 1?

⑤揭示"倍"的概念。

上述设计,通过比较第三组与另外两组的不同,让学生体会到在"比多少"中有一种较为特殊的情况,即多出的部分是由几个"标准"组成的。也就是说这两个量中有一种特殊的关系,即其中的一个量是 1 份量,另一个量是几份量,"倍"就藏在这两个量的关系中,另一个量是几份量,它们之间的关系就是几倍。

倍属于概念教学。心理学把概念学习分为两种基本方式,一种是概念的形成,一种是概念的同化。引导学生从某一类事物或现象中归纳、抽取出它们共同的本质属性,从而获得一定的概念,这种方式就是概念的形成。概念的同化就是依靠学生已经掌握的知识、概念来理解新的概念。

> **思考**
>
> 上述 4 种揭示"倍"的方式,你认为它们分别属于哪一种概念学习方式?

从"份"到"倍",从"几个几"到"倍",从"一样多"到"倍",这三种揭示"倍"的方式的共同之处是依靠学生已经掌握的知识、概念来理解新的概念"倍",基本遵循的是概念同化的思考路径。其中第一种和第二种由"份"和"几个几"揭示"倍",易于学生进一步从乘法和除法的角度理解"倍"。第三种从比较中的"一样多"揭示"倍",利于学生体会"关系"和"标准",解决了学生对 1 倍认知的难题。第四种方式从"特殊的关系"中引入"倍",虽然也是依靠学生已有的知识来理解新的概念"倍",但它主要是采用概念形成的学习方式来帮助学生理解倍的意义,突出了"比较"与"相互的关系"。

如果你去教学"倍的认识",你会怎样揭示"倍"?

◎巩固活动

倍是一个抽象的概念。教学中,在揭示"倍"的概念,也就是在学生初步认识"倍"之后,教师还要设计一些活动来巩固"倍",促进学生对"倍"的深刻理解。从收集的教学设计来看,巩固"倍"的概念主要有以下几种活动:操作体验、体悟变化、提供变式、呈现反例、联系生活。

(1)操作体验。

①画一画

设计1(席爱勇,2015年)

根据要求画一画。

画△:_____

画☆,使☆的个数是△的2倍:_____

设计2(孙惠惠,2016年)

师:看图,你能快速说出圆的数量是三角形的几倍吗?

```
┌─────────────────────────┐
│  ●●●●●●                 │
│                         │
│                         │
│  ●的数量是△的(    )倍。  │
└─────────────────────────┘
```

引导学生发现,倍是两个数量之间的关系,缺少三角形就不能比。

师:想一想,三角形可能是几个? 把你们的猜想画在练习纸上。

设计3(赵涵菲,2019年)

△与○是倍数关系,你觉得△可能有几个? 并说一说谁是谁的几倍?

_____(画△)

○○○○○○

设计4(叶群剑,2021年)

师:认识了"倍",想不想自己创造一个"倍"呢?(要求:先创造,再介绍你的作品"倍"。)

(第一行画☆)_____

(第二行画△)_____

(   )是(   )的(   )倍。

为学生创设开放空间,让学生经历创造"倍"的活动,是上述几个"画一画"活动的共同之处。其不同之处是,设计1明确了倍数关系,但两个量的数量不确定;设计2明确了比较量的数量,但标准量的数量及两个量之间的倍数关系不确定;设计3明确了一个量(这个量既可以是比较量,又可以是标准量)的数量,但另一个量的数量及两个量之间的倍数关系不确定;设计 4 不仅标准量和比较量的数量没有明确,而且倍数关系也不确定。上述设计为学生提供创造想象空间,借助"画一画"活动让学生体会"标准"的重要性及"几个几"与"倍"的联结,同时,为接下来"体悟变化"的活动提供了观察比较的素材。

②摆一摆

设计 1(徐斌,2015 年)

操作小棒。(学具活动)

第一排摆: /// /

第二排摆: /// /// /

6 里面有( )个 3,第二排小棒的根数是第一排的( )倍。

如果第二排摆 15 根,15 里面有( )个 3,第二排小棒的根数是第一排的( )倍。

(指名到台前摆小棒,并让学生先摆一摆,再互相说一说)

设计 2(庞琳,2019 年)

第一行摆: /// //

第二行摆: 第一行的 4 倍

第二行摆( )个 5 根,一共是( )根。

上述两个摆小棒活动,一个是按照要求先摆出小棒,然后根据摆好的小棒说出两排小棒之间的倍数关系,一个是根据第一行小棒和两行小棒之间的倍数关系,摆出第二行小棒。活动要求不同,但都是借助摆小棒呈现出直观的实物图,使抽象的倍变得直观形象。

设计 3(张冬梅,2010 年)

师:孩子们,我们每人的信封里都有一些圆片,你能利用其中的一些圆片摆一摆,表示第二行的圆片个数是第一行的 2 倍吗? 摆完的同学可以在小组内交流自己的想法。

设计 4(俞洁文,2019 年)

PPT 出示:小猴摆 8 个红圆片。红圆片的个数是蓝圆片的( )倍。问:准备摆几个蓝圆片? 活动要求:让同桌一眼就能看出你摆的红圆片是蓝圆片的几倍。

红圆片的个数是蓝圆片的( )倍

蓝圆片:_____

红圆片:●●●●●●●●

上述两个摆圆片活动,与前面的"画一画"活动有相似之处,为学生提供想象空间,让学生创造"倍"。设计 3 明确倍数关系,但两个量的数量不确定;设计 4 明确比较量的数量,但标准量的数量及两个量之间的倍数关系不确定。上述设计,有助于学生进一步理解倍的概念。

③拍一拍

设计 1(徐斌,2013 年)

×××

××× ××× ×××

(师先拍 3 下,要求学生拍的次数是老师的 3 倍)

师:怎样拍手让别人容易听出倍数关系?

生:拍了 3 下后要注意停顿一下。

(学生同桌进行拍手游戏,然后教师叫两个学生上台演示拍手游戏,其余学生根据拍手情况列式计算)

此设计迎合了小学生好玩爱动的天性,学生在拍手游戏中深化了对倍的认识。很多教学设计在课始设计"拍几个几"的游戏,课尾设计"拍几倍"的游戏,拍手游戏前后呼应,把"几个几"与"几倍"较好地联结在一起。

操作活动是内部思维活动的外化。倍是一个抽象的概念,学生建立倍概念需要经历由具象到抽象的过程。上述设计,借助画一画、摆一摆、拍一拍等活动,将所比较的实物的数量关系直观化,直观形象地展示出两个数量之间的倍数关系,为学生建立倍概念提供了形象的实物支撑。同时,活动中教师通过追问,"为什么这样画?""为什么这样摆?""为什么这样拍?"使学生感受到在比较倍数关系时要明确是谁和谁比及标准的重要性,从而促进学生对倍概念的深刻理解,帮助学生建立倍的模型。

(2)体悟变化。

要理解倍的本质,还要让学生经历"变与不变"的活动,让学生在不变中找变,变中找不变。很多教学设计都设计了体悟变化的活动,让学生在变化中认识"倍"。

> **思考**
>
> 如果我们分别用字母 A、B、C 来表示标准量、比较量和倍数(即一倍数、几倍数和倍数)这三个量,那么三者之间的关系式为 $A×C=B$,你觉得这三个量之间的变化有哪几种情况?

通过对收集的教学设计进行整理和分析,发现这三个量之间的变化有三种情况,分别是标准量不变,比较量变化,倍数变化;比较量不变,标准量变化,倍数变化;标准量和比较量都发生变化,倍数不变。

①标准量不变,比较量变化,倍数变化。

设计 1(叶菲菲、陈寿章,2015 年)

(情境图中有 2 朵蓝花,6 朵红花。在前面的活动中,学生已经知道红花的朵数是蓝花的 3 倍。)

①谈话:小熊继续收获红花,瞧,现在红花有 8 朵。

蓝花:🌸🌸

红花:🌸🌸🌸🌸🌸🌸🌸🌸

现在红花的朵数是蓝花的几倍?

能用圈一圈的方法解决吗?在练习纸上试一试。

指名展示、说说为什么要 2 个 2 个地圈,突出是以 2 朵蓝花为一份。

②提问:红花变成 10 朵,现在红花的朵数是蓝花的几倍呢?

🌸🌸🌸🌸🌸🌸🌸🌸🌸🌸

③对比:同样是 2 朵蓝花,为什么红花的朵数有时是蓝花的 3 倍,有时是 4 倍,有时是 5 倍呢?(见图 4-1—4-3)

红花的朵数是蓝花的3倍。　　　　　红花的朵数是蓝花的4倍。

图 4-1　　　　　　　　　　　　　　图 4-2

红花的朵数是蓝花的5倍。

图 4-3

小结:2 朵蓝花看作一份,红花的朵数有几个 2,那红花的朵数就是蓝花的几倍。

④延伸:如果红花有 20 个 2 朵,那红花的朵数是蓝花的几倍?50 个 2 朵呢?1 个 2 朵呢?

该设计通过不断增加比较量红花的朵数,引导学生进一步拓展认识"几倍"。在对红花和蓝花进行比较的过程中,引导学生抽象出"红花的朵数有几个 2 就是蓝花的几倍",进而帮助学生体悟到虽然标准量蓝花的朵数不变,但因比较量发生了变化,所以倍数也发生了变化。最后的延伸活动,让学生很轻松地认识了"1 倍"。

设计 2(周卫东,2021 年)

师:(出示图 4-4)继续看大屏。又种了一种花,红花有 8 朵。瞧,现在的问题是:这三种花的朵数中,还能找到倍吗?(在前面的活动中,学生已经知道黄花的朵数是蓝花的 3 倍。)

图 4-4

生:红花是蓝花的 4 倍。

师:(板书:红花的朵数是蓝花的 4 倍)为什么说红花的朵数是蓝花的 4 倍呢?
你也能讲讲道理吗?

生:(边说边 2 个 2 个地圈)因为 2 朵花就是 1 份,红花里面有 4 份。

生:蓝花有 2 朵,红花有 4 个 2 朵,所以红花的朵数是蓝花的 4 倍。

生:我还能用算式研究,8÷2＝4,把蓝花当做 1 份,红花里包含了 4 份蓝花。

师:小朋友们真厉害!接下来我们来玩个小游戏。(在红花的第三份里面多加
1 朵)如果我在这个地方加一朵花,这个时候红花还是蓝花的 4 倍吗?

生:不是 4 倍,因为研究倍,要求每 1 份里的个数都一样多。

生:因为红花其中有一份多了一朵,所以不是蓝花的 4 倍,而是蓝花的 4 倍多
一朵。

师:游戏继续!(把第三份里多放的 1 朵红花移到圈外)这时,红花的朵数还是
蓝花的 4 倍吗?

生:(齐)不是,还是 4 倍多 1。

生:也可以说是 5 倍少 1。

师:我再增加一个?

生:(齐)是 5 倍。

师:我再增加一个?

生:(齐)5 倍多 1。

师:再增加一个?

生:(齐)6 倍。

该设计也是通过不断增加比较量红花的朵数,引导学生进一步拓展认识"几倍"。在依
次增加 1 朵红花的过程中,学生感悟到比较量的每一份都要和标准量的数量相等。把标准
量看作一份,只有当比较量里面有几个这样的一份时,它们之间才有"几倍"的关系。

②比较量不变,标准量变化,倍数变化。

设计(张冬梅,2010 年)

(屏幕上只有 12 朵黄花,没有红花)

师:我们再来看看,黄花的朵数是红花的几倍呢? 说说你打算怎么圈。(学生讨论)

师:你们有什么困难吗? 说说你的困难吧。

生:红花的朵数我们还不知道呢?

生:每份红花有几朵我们不知道,就不知道几朵圈一圈。

师:是呀,每份数还不知道呢! 那你们猜猜红花可能是几朵,再说说应该怎样圈。

生:我猜红花是 3 朵,我就 3 朵圈一圈。

生:我猜红花是 4 朵,我就 4 朵圈一圈。

生:红花可能是 6 朵,我就 6 朵圈一圈。

···········

师:你们猜的都是有可能的,让我们在练习纸上圈一圈,填一填。(学生交流汇报)

师:再提高一点要求。如果红花只有一朵,黄花还是 12 朵,那黄花的朵数是红花的几倍呢? 不动笔,在自己的脑海里默默地圈一圈,再告诉我答案。

生:黄花的朵数是红花的 12 倍。

师:你能描述一下你脑海中圈出的图吗?

生:我是一朵圈一圈的,黄花可以圈 12 个圈,所以是红花的 12 倍。

师:老师把你脑海中的图拿出来(屏幕显示),是这样的吗?

师:如果红花变成 12 朵,现在它们的倍数关系又是怎样的呢?

生:黄花是红花的 1 倍。

师:你能描述一下你脑海中圈出的图吗?

生:红花是 12 朵,就要 12 朵圈一圈,这样黄花只能圈 1 份,所以黄花是红花的 1 倍。

师:黄花一直是 12 朵,为什么两种花之间的倍数关系却在不停地变呢?(出示红花 3 朵、4 朵、6 朵、1 朵、12 朵时,圈黄花的情况图)

生:因为红花的朵数在变。

生:红花的朵数变了,我们几朵圈一圈也就变了,所以圈出几份也不一样。

生:红花是 3 朵,我们就 3 朵圈一圈,黄花能圈 4 份,所以是红花的 4 倍;红花是 4 朵,我们就 4 朵圈一圈,黄花能圈 3 份,所以是红花的 3 倍;红花是 6 朵,我们就 6 朵圈一圈,黄花能圈 2 份,所以是红花的 2 倍;红花是 1 朵,我们就 1 朵圈一圈,黄花能圈 12 份,所以是红花的 12 倍;红花是 12 朵,我们就 12 朵圈一圈,黄花能圈 1 份,所以是红花的 1 倍。

该设计只呈现黄花的朵数,先让学生说一说遇到的困难,让学生在困惑中感受"1 份数",即标准量的重要性与关键性。然后让学生猜一猜红花的朵数,进行圈一圈、填一填的活动,继而思考"黄花一直是12朵,为什么两种花之间的倍数关系却不停地变化呢?"引导学生探究倍数发生变化的原因,虽然都是12朵黄花,但红花的朵数变了,也就是一份数变了,所以倍数也变了。一份数越大,倍数就越小;一份数越小,倍数就越大。在让学生感受标准量重要性的同时,渗透了反比例的思想。

③标准量和比较量都发生变化,倍数不变。

设计1(刘松执教,黄金爱记录,2019年)

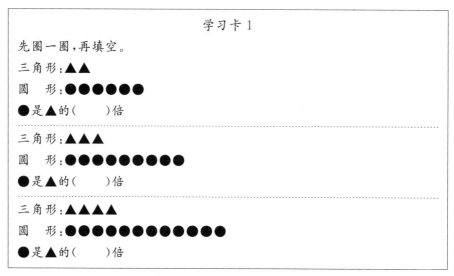

学习卡1

先圈一圈,再填空。

三角形:▲▲

圆　形:●●●●●●

●是▲的(　　)倍

三角形:▲▲▲

圆　形:●●●●●●●●●

●是▲的(　　)倍

三角形:▲▲▲▲

圆　形:●●●●●●●●●●●●

●是▲的(　　)倍

师:请用笔先圈一圈,再填空。

师:请你来汇报。

师:圆形分别有6个、9个、12个,为什么都是三角形个数的3倍呢? 四人小组讨论。

该设计通过追问"圆形分别有6个、9个、12个,为什么都是三角形个数的3倍呢?"引导学生从三幅图中抽取出共同的特征——●的个数里面有3个▲的个数。在这三幅图中,圆形的个数发生了变化,分别是6个、9个、12个,三角形的个数也发生了变化,分别是2个、3个、4个。虽然▲和●的个数都发生了变化,但倍数是不变的,因为每幅图中●的个数里面都是有3个▲的个数,所以●的个数都是▲的3倍。该设计在学生感受比较量、标准量和倍数三者间关系的过程中,渗透了正比例的思想。

设计2(傅爱兰,2019年)

手链中的倍数(见图4-5)。

图 4-5

师：有倍数关系吗？你是怎么找的？

生：我把 4 个红珠子看成 1 份，蓝珠子的个数有 2 个 1 份，所以蓝珠子的个数是红珠子的 2 倍。

师：如果同意，请给予掌声支持。如果像这样增加 1 串（见图 4-5），现在又是几倍关系？

生 1：现在蓝珠子的个数是红珠子的 4 倍。

生 2（没等生 1 说完就激动地说）：不对，还是 2 倍。

师：现在有两种答案，我们统计一下，支持 2 倍的同学举手（一半以上的学生举手），剩下的都认为是 4 倍吗？数学是讲道理的，现在看看哪方的道理能说服我们！

生 3：我也认为是 4 倍关系。刚才已经是 2 倍，现在蓝色珠子增加了 8 个，等于增加了 2 倍，所以就是 4 倍。

生 4（迫不及待地反驳）：但是蓝珠子个数增加了，红珠子的个数也增加了，现在我们看红珠子有 8 个，蓝珠子的个数是 16 个，16 里面有 2 个 8，所以蓝珠子的个数是红珠子的 2 倍。

师：大家觉得哪方讲得更有道理？（齐答：2 倍）这道题我们发现红珠子和蓝珠子的个数都在成倍增加，但是它们之间的倍数关系是不变的。

该设计中的两个量均是成倍增加，学生通过辨析发现，虽然增加前和增加后的一份数不一样，总数也不一样，但总数里面的份数都一样，都是有这样的 2 份，也就是有 2 个一份数，所以倍数不变。该设计在让学生感受比较量和标准量变化的过程中，渗透了正比例的思想。

标准量不变，比较量变化，倍数变化；比较量不变，标准量变化，倍数变化；标准量和比较量都发生变化，倍数不变。上述三种变化情况，通过不断改变标准量、比较量和倍数三个量中的两个量的数量，更为深入地揭示了现象的本质。学生会深刻认识到倍的本质是两个量在相互比较，用其中的一个量作为标准，另一个量包含了几个这个量就是它的几倍。这些体悟变化的活动，不仅帮助学生深度理解倍的含义、建立倍的模型，还渗透了"变与不变"的函数思想。

（3）提供变式。

在初识"倍"时，呈现清晰直观的"标准结构"，有助于学生第一次建立"倍"的概念。但如果在巩固活动中，呈现的素材都是"标准结构"，并不能够很好地促进学生理解倍的本质。因此，在巩固"倍"的概念的活动中，还要提供非标准结构的模型，非标准结构的模型有两个，其中一个是"变式结构"模型。

变式，就是变换肯定例证的非本质属性，使学生在事物的各种表现形式和事物所在的不同情境中认识事物的本质属性，对概念的理解更深刻、更概括、更易于迁移。

设计 1（张冬梅、周晓军，2011 年）

比一比，说一说（见图 4-6）。

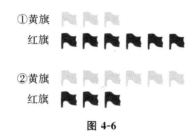

图 4-6

先让学生分别说一说第①题中红旗是黄旗面数的几倍,第②题中黄旗面数是红旗的几倍,再重点说一说两道题的区别。

该设计是一个题组练习,两个小题中呈现的素材都是黄旗和红旗,虽然两个小题中的标准量的数量都是 3,比较量的数量都是 6,但一个是以黄旗面数为标准,一个是以红旗面数为标准,而且两个小题中标准量的位置是不同的,一个在上面,一个在下面,这就打破了"标准结构"中标准量在上面的呈现方式。

设计 2(吴汝萍,2013 年)

出示图 4-7,让学生猜一猜:梨可能有几个,苹果的个数是梨的几倍?

图 4-7

拓展:梨有 3 个,苹果和梨之间的关系还可以用倍数来表示吗?

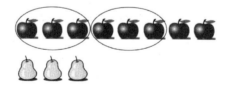

图 4-8

引导:这样看,可以怎样说(见图 4-8)?

图 4-9

引导:这样看呢(见图 4-9)?

经过讨论,学生认识到:苹果个数比梨的 2 倍多 2 个,苹果个数比梨的 3 倍少 1 个。

"几倍多几"和"几倍少几"是学生在后续学习中经常要解决的问题。该设计先让学生用"几倍"的模型猜测苹果和梨之间可能存在的倍数关系,然后呈现梨的个数,发现苹果和梨之间没有"整数倍"的关系,进而拓展认识"几倍多几"和"几倍少几"的关系。该设计既有助于学生对倍数关系的认识更趋完整,又为后续解决相关实际问题做了铺垫。

设计 3(叶菲菲、陈寿章,2015 年)

谈话:小动物们除了收获了花朵,它们还收获了苹果(15 个)、梨(4 个)。你知道苹果的个数是梨的几倍吗?

生生交流,明白苹果的个数是梨的 3 倍多 3 个(或苹果的个数比梨的 4 倍少 1 个)。

谈话引思:看来苹果的个数既不是梨的 3 倍,也不是梨的 4 倍,那么"苹果的个数是梨的几倍",对这个问题你有什么想法?

互动交流:有的学生会想到添上 1 个苹果,这时苹果的个数是梨的 4 倍(算式:$16 \div 4 = 4$);也有的同学认为添上 1 个梨,这时苹果的个数是梨的 3 倍(算式:$15 \div 5 = 3$)。

小学生学习"倍",认识的是"整数倍",而 15 个苹果与 4 个梨之间并没有"整数倍"的关系,这就引发了学生的认知冲突,从"几倍"拓展到"几倍多几(或几倍少几)",并引发学生深度思考,通过增加比较量或标准量的数量,使苹果的个数和梨的个数之间有"整数倍"的关系。该设计有助于学生进一步理解"倍"的内涵,构建"倍"的模型。

设计 4(郭立军、刘凤伟,2016 年)

①6 个三角和 6 个圆片比较,比较的结果用一句话写出来。

△△△△△△
○○○○○○

②3 个三角和 10 个圆片比较,比较的结果用一句话写出来。

△△△
○○○○○○○○○○

③8 个圆片和 2 个三角左对齐比较,比较的结果用一句话写出来。

○○○○○○○○
△△

④8 个圆片和 2 个三角在一条直线上比较,比较的结果用一句话写出来。

○○○○○○○○△△

⑤8 个圆片和 2 个三角打乱顺序比较(见图 4-10),比较的结果用一句话写出来。

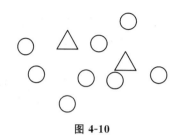

图 4-10

郭老师和刘老师设计的这组变式练习题,通过图形的数量变式和位置变式,加深学生对"倍"概念的理解,同时呈现三角和圆片的数量相等这一特殊情况,认识"1倍"。

设计 5(马宇,2019 年)

师:现在我们把神奇的圆圈请上大屏幕(见图 4-11),绿色部分是红色部分的几倍?

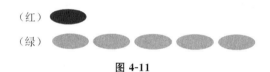

图 4-11

师:观察图(4-12),绿带子的长是红带子的几倍?

图 4-12

生:绿带子的长是红带子的 5 倍,因为形状虽然变了,但还是把红带子看作 1 份,绿带子有这样的 5 份。

师:观察图(4-13),现在绿带子的长是红带子的几倍?

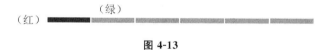

图 4-13

生:还是 5 倍,虽然红带子换了位置,但是把它看作 1 份,绿带子有 5 份那么长。

师:观察图(4-14)的变化,让带子细一些、再细一些,你们有什么发现?

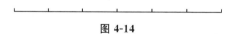

图 4-14

生:带子越来越细,最后变成了线段。

师:在这条线段上,你能找到哪些倍数关系?

生1:5 倍,把前面的一小段看作 1 份,后面的线段就有 5 份,后面线段的长是前面线段的 5 倍。

生 2:6 倍,我也把前面的一小段看作 1 份,整条线段的长就有这样的 6 份,所以整条线段的长是前面线段的 6 倍。

生 3:3 倍。

学生上台介绍,教师出示课件(见图 4-15)。

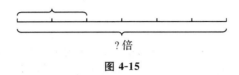

?倍

图 4-15

师:如果给大家足够多的时间,相信你们能找到更多的倍数关系(见图 4-16)。

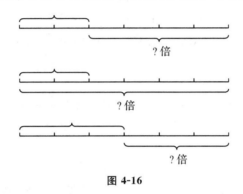

?倍

?倍

?倍

图 4-16

师:请看最后一条线段,后面线段的长是前面线段的几倍? 你是怎么想的?

生:1 倍,因为前面和后面线段的长都是 3 份,所以可以说后面线段的长是前面线段的 1 倍,也可以说前面线段的长是后面线段的 1 倍。

从圆圈图到带子图,再从带子图到线段图,该设计让学生经历了从直观图抽象出线段图的过程。在这个过程中,又设计了一系列的变式,突出"倍"的本质属性。比如,改变绿带子和红带子的位置,由两排呈现变为一排呈现,但两者之间的倍数关系没有改变。又如,不停地改变同一条线段中,比较量和标准量的份数,让学生找出倍数关系,帮助学生做到"舍弃事物或现象的质的内容,而着眼于它们的量性特征"。

设计 6(庞琳,2019 年)

师:(出示 12 个红圆片)同学们,你们能找出红圆片的倍数关系吗?

生 1:(沉默片刻)老师,这里只有一种颜色的圆片,您是不是漏拿蓝圆片了?

生 2:只有 12 这个数,怎么比? 和谁比?

师:(边点头边说)对啊,现在只有一个量,能不能比较呢?

生:(响亮齐答)不能!

师:(摊开双手)可我只有这 12 个红圆片,但是又想用这些圆片"创造倍",你们开动一下脑筋帮帮老师好吗?

生 3:我想到了! 我来摆。我把 12 个红圆片摆成两行,第一行摆 2 个,第二行

摆 10 个,和我们的例题一样!(生恍然大悟,热烈鼓掌)

师:谢谢你!你会将学到的知识灵活运用,我们都要向你学习呢。同学们听懂他是怎么摆的了吗?

生4:如果只有一种颜色的圆片,我们可以分成两行来摆,这样就可以找到这些圆片的倍数关系了。

倍表示的是两个量比较的结果,而在该设计中,庞老师只呈现了12个红圆片,让学生用12个单色圆片创造"倍",这是一个具有挑战性和开放性的任务。经过深入思考,学生最终想出把12个单色圆片分成两部分,这样就出现了两个量,就可以进行比较。在这个任务中,标准量和比较量两个量的数量是不确定的,所以倍数关系也不确定,答案多元。该设计打破了学生的思维定式,在深化对倍的认识的同时,培养了学生的创新能力。

设计7(周卫东,2021年)

(学生根据情境图中的文字信息"蓝花有2朵""黄花有6朵""红花有8朵"得到了黄花与蓝花是3倍关系,红花与蓝花是4倍关系的结论。)

师:那红花与黄花有倍数关系吗?

(学生意见出现分歧。)

师:估计这会儿你们的想法是多样的。友情提醒一下:刚刚研究3倍、研究4倍,我们都是把较小的数当作1份,而且,除法算式当中都怎么样啊?

生:(齐)没有余数。

师:用这样的标准来研究6和8,有没有倍数关系?

生:(齐)没有。

师:对啊,你想想看,用8除以6得到商1余2,就有余数了。既然8和6没有倍数关系,那我们能不能让它们有倍数关系?

师:(出示图4-17)看活动要求,改变其中一种花的朵数,使两种花有"倍"的关系,然后圈一圈、填一填。

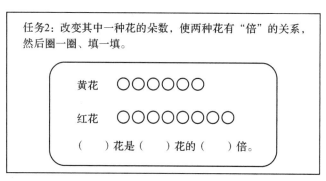

图 4-17

师:好的,拿出研究单2,开始吧,画一画、圈一圈,再填一填。

(学生自主完成,教师巡视。)

师:刚刚巡视的时候,我选择了一些有代表性的作品。哪些作品被周老师用红笔打了五角星的,请送到前面来。

师:来,先看1号作品,他是怎么研究的?

生:他是把黄花划掉了2朵,把4朵黄花看成1份,红花是黄花的2倍。

(学生鼓掌。)

师:再看2号作品,他是怎么研究的?

生:他是把黄花划掉了4朵,这时红花是黄花的4倍。

师:再看3号作品,他是怎么研究的?

生:黄花没动,他把红花划掉了5朵。

生:留下了3朵,然后把3朵看成一份,黄花有2份。

生:黄花是红花的2倍。

(学生自发鼓掌。)

师:真棒! 这3个作品值得我们好好研究。

(教师把作品1和作品2并列呈现。)

师:仔细瞧这两个作品,为什么1号作品是2倍,2号作品是4倍呢?

生:因为每1份的数量不一样,一个是圈了4个,8里面有2个4,所以是2倍。

生:2号作品是把2个当作1份,8里面有4个2,所以是4倍。

师:真好! 1号作品和3号作品也可以好好研究。这两个作品相同的地方在哪里? 都研究的是几倍?

生:(齐)2倍。

师:同样都是2倍,为什么画法不一样?

生:1号作品是把黄花当作1份,而3号作品是把红花当作1份的。

师:是呀,谁跟谁比也很重要。

师:这个内容我在自己的班也上了一遍。班上有个女孩特别害羞,她研究这道题的时候,看我走到她身边,就用手把答案挡住了。她是怎么研究这道题的?(出示图4-18)她把黄花当作1份,把红花挡掉了,请你大胆地猜一猜,她挡掉的是几朵,后面的答案填的是什么?

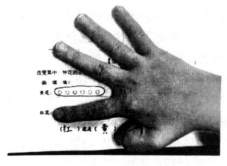

图 4-18

生:我觉得她把红花减去了2个变成了6个,红花是黄花的1倍。

师:同意吗?(学生回答:同意)真好!

生:还可能挡掉的是12朵,红花是黄花的2倍。

生:还可能挡掉的是18朵,是黄花的3倍。

师:能把数据想得更大一点吗?

生:我觉得挡掉的是54朵,是黄花的9倍。

生:60朵,是黄花的10倍。

师:这样说下去,能说得完吗?

生:说不完,永远说不完。

师:这都是我们的想象。我让那个孩子把手指拿掉,你想不想看答案?

生:(齐)想。

师:(出示图4-19)瞧,人家是这么研究的。红花划掉了5朵,留下了3朵。

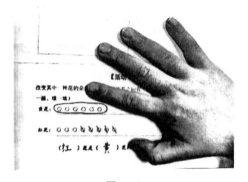

图4-19

生:她填错了,应该说黄花是红花的2倍。

师:反过来填是吗?那个女孩说:"我没错,就不改。"

生:我觉得她写的是"红花是黄花的0.5倍"。

生:我觉得她写的是"红花是黄花的二分之一"。

(学生自发鼓掌。)

师:真了不起!二分之一,这个知识到三年级下学期才能学到哦!

该设计中呈现的"8朵红花"和"6朵黄花"之间没有(整)倍数关系,学生通过划掉或画出一些黄花或红花,改变其中一朵花的朵数,使两种花具有了"倍"的关系,这一过程不仅巩固了学生对倍的意义的理解,还为学生创设了开放的空间。在学生交流作品之后,周老师呈现了一份把黄花看作1份、把红花和答案都挡掉的作品,请学生大胆地猜一猜,"她挡掉的是几朵,后面的答案填的是什么?"学生猜测的答案是不唯一的,在猜测中学生对倍的理解变得更加深刻。在学生充分经历猜想之后,周老师呈现了该作品中挡掉的红花朵数,该作品的答案打破了学生的思维定式,学生在对答案的辨析中,思维得以提升。

上述设计提供的均是非标准结构模型中的"变式结构"模型,通过变式,引导学生把关注的对象从实物的比较过渡到数之间的比较,使学生真正做到舍弃事物或现象的质的内容,而着眼于它们的量性特征。

（4）呈现反例。

反例，就是故意变换肯定例证的本质属性，使它质变为其他事物，即否定例证，在引发对比和思辨中，从反面突出事物的本质属性，准确、深刻地理解概念。

非标准结构模型的另一种模型就是反例，即"错误结构"模型。心理学研究表明，在新知的巩固学习阶段，故意提供反例，通过及时的比较、思辨，既可以促进学生概念的学习，又可以对错误防患于未然。

设计 1（张冬梅，2010 年）

师：让我们再来看看这几幅图（见图 4-20）。你赞同哪一幅图呢？这里黄花的朵数到底是蓝花的 3 倍还是 2 倍呢？先认真地独立思考，再把你的想法跟小组里的同学说一说。

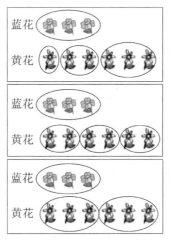

图 4-20

生：我认为黄花是蓝花的 2 倍。

生：我也这样认为，我赞同第 3 幅图的圈法。

师：我明明看到了前 2 幅图中黄花圈了 3 个圈，为什么不能说黄花的朵数是蓝花的 3 倍呢？

生：第 1 幅图是乱圈的，一会儿 1 朵圈一圈，一会儿 2 朵圈一圈，后来又是 3 朵圈一圈，不能这样的。第 2 幅图也圈错了，因为蓝花有 3 朵，黄花就不能 2 朵圈一圈，应该像第 3 幅图那样 3 朵圈一圈。所以，我也认为黄花是蓝花的 2 倍。

师：同学们的意思是说，圈黄花的时候，还不能……

生：随意圈。

师：那得根据什么来圈？

生：得根据每份数即蓝花的朵数来圈。

该设计中，张老师故意提供两个反例，让学生在比较辨析中，从对错误的反省中引起对"倍"更为深刻的正面思考。帮助学生进一步明白，在圈黄花时要根据标准量的个数，也就是每份数来圈,而且圈出的每份中的黄花朵数是相同的。经历这样的活动后,学生对"倍"的本质会有更加深刻的理解。

设计 2(牛献礼,2021 年)

课件出示(见图 4-21):

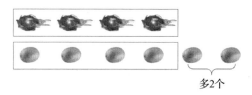

多2个

图 4-21

师:小兔说"猕猴桃的个数是火龙果的 2 倍",它说得对吗? 为什么?

生:小兔说得不对! 因为 4 个火龙果是 1 份,猕猴桃只有 6 个,不够 2 份,应该说猕猴桃比火龙果的 1 倍多 2 个。

师:真会观察! 知道先看火龙果几个是 1 份,再看猕猴桃有这样的几份。4 个"1 份",6 个只比 1 份多 2 个,所以猕猴桃只是比火龙果的 1 倍多 2 个,不是它的 2 倍。

学生初识倍,很容易受已有"比多少"经验的影响,以为"一个量比另一个量多几就是它的几倍"。该设计呈现的反例,既有助于学生改变错误认知,又拓展了"几倍多几(或几倍少几)"的知识。

(5)联系生活。

学习"倍"之后,了解、寻找生活中的"倍",或运用"倍"解决生活中的问题,有助于学生感受数学与生活的联系。

设计 1(钱金铎执教、邱晓军撰写,2006 年)

师:老师家的电话号码是 7142835,这里有倍数知识吗?

生 1:8÷4=2。

生 2:14÷7=2,28÷7=4。

生 3:我发现,7 是 1 个 7,14 里有 2 个 7,28 里有 4 个 7,35 里有 5 个 7。

师:原来这个电话号码里有这么多倍数知识,我们在平时的生活中,只要用心去观察,肯定会发现更多的数学知识。

设计 2(傅爱兰,2019 年)

师:生活中还有很多地方也存在着倍数关系,比如人体结构中就是以"头长"为基本单位,那与"六头身"存在怎样的倍数关系呢? 请打开阅读材料开始阅读(见图 4-22)。

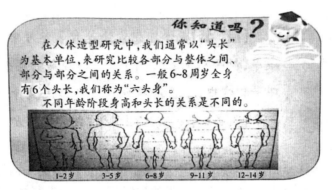

图 4-22

1.独立阅读思考:什么是"六头身"?

2.反馈交流

生:"六头身"表示身长是头长的 6 倍。

师:其他年龄阶段头长和身长又是几倍关系?

生1:1~2 岁身长是头长的 4 倍。

生2:3~5 岁身长是头长的 5 倍。

…………

师:看来人随着年龄的增长,头长和身长的倍数也会变化。研究发现,"八头身"是男女青年的理想身材,请你利用今天学过的知识画出"八头身"!

设计 3(马云飞,2019 年)

师:今天我们认识的新朋友"倍",其实就藏在我们身边。仔细观察,你发现它了吗?

设计 4(高丽杰,2019 年)

出示蚂蚁图(见图 4-23):一只蚂蚁能搬动它体重 50 倍的物体。你想对蚂蚁说什么?

图 4-23

出示脚印图(见图 4-24):警察叔叔在抓坏蛋时,能根据罪犯留下的脚印来判断罪犯的身高,你们知道怎么回事吗?课件出示:人的身高一般是脚长的 7 倍。

图 4-24

高老师的脚长 23 厘米,我的身高大约是多少? 你能说说你的想法吗?

设计 5(陈鹏,2020 年)

师:谁能说一说生活中倍的例子?

设计 1 和设计 2,分别呈现电话号码、阅读材料,让学生从中寻找"倍";设计 3 和设计 5 以问题的形式,引导学生根据倍的含义去寻找发现生活中的"倍";设计 4 通过文字与图片,把"倍"延伸到生活中,所选素材富有趣味性。上述设计不仅练习了有关"倍"的知识,还有助于学生感受数学与生活的联系,学会用数学的眼光观察生活,体会数学的好玩。

上述几种巩固倍的活动,重视对概念意义的理解,重视对倍进行多方位的建构,重视倍在生活中的应用,凸显本质,丰富内涵,从多角度、循序渐进地帮助学生建立倍的概念,建构倍的直观模型。

◎拓展联结活动

这里的"拓展联结"是指在学习倍之后,把"倍比"与"差比"或"倍"与"分数""比"等知识进行沟通联结,完善知识网络。

设计 1(马宇,2019 年)

①逆向思考,沟通倍与分数。

师:刚才我们以蛋糕为标准,说比萨的块数是蛋糕的 2 倍。如果现在以数量多的比萨为标准,蛋糕的块数是比萨的几倍呢? (出示图 4-25)

图 4-25

生 1:2 倍。

生 2:1 倍。

生 3:1 倍也不到。

师:如果以比萨的块数为标准,蛋糕的块数正好是它的一半,我们就说蛋糕的块数是比萨的半倍,半倍在数学上可以用一个数"$\frac{1}{2}$"来表示,这是一个分数,读作:二分之一。

师:还是以比萨为标准,去掉 1 块蛋糕,蛋糕的块数是比萨的几分之一?

②延续情境,初步认识"比"。

师:大家知道吗,到了六年级,我们刚刚分析的蛋糕和比萨的数量关系还可以写成 1:2,读作:一比二。这个比又表示什么意思呢? 和"倍"有什么关系呢? 我们以后再学习。

"倍""分数（表示率）""比"这些概念的本质都是"比率"。该设计通过变换比较的标准，由"半倍"引出"分数"，然后减少比较量的数量，继续认识几分之一，并把蛋糕和比萨的数量关系拓展到"比"，意欲沟通"倍""分数""比"三者之间的联系，帮助学生初步感知有关"比率"的概念系统。

设计2（傅爱兰，2019年）

①比较

师：同学们，以前我们在比较两个数"多"和"少"的关系时是怎样比较的？

生：两个数去掉相同的部分后剩下的就是"多"或"少"的部分。（电脑演示图4-26）

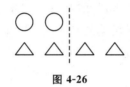

图4-26

师：今天研究的倍，我们是怎么进行比较的？

生：我们是把第一行看成1份，第二行有这样的2份，就说第二行是第一行的2倍。（电脑演示图4-27）

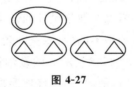

图4-27

②小结

师："倍"和我们以前学习的"多"和"少"一样，都是比出来的，不同的是"倍"在比较时把标准量看作1份，看另一个数有这样的几份。（板书：比出来的——倍）。

设计3（周卫东，2021年）

师：孩子们，我们来小结一下。上课一开始，我们研究了黄花是蓝花的3倍，还研究了红花是蓝花的4倍，研究了那么多有关"倍"的知识。到了临下课的时候，还了解了两种花的数量还有二分之一的关系。其实，这两种情况都是数量之间的一种倍数关系。让我们回到一年级。一年级的时候，我们把黄花与蓝花进行比较的时候，知道黄花比蓝花多4朵，这种关系，在数学上叫作相差关系。两个数量进行比较，要么是相差关系，要么是倍数关系，所以有一位数学家说得特别好——"数学就是研究关系的学问"。

设计2和设计3对"差比"和"倍比"进行区别和关联。设计2注重借助直观图对"差比"和"倍比"两种比较方法进行区分，设计3从研究"关系"的视角，对"差比"和"倍比"进行了联结。两个设计沟通了新旧知识之间的联系，有助于学生完善知识结构。

4.1.3　教学设计综述对教学的启示

通过对"倍的认识"教学设计的分析比较,我们得到的教学启示有以下几点。

(1)注重激活学生已有的知识经验——"份""几个几""一样多",帮助学生建立倍的概念。

(2)注重通过多元表征,如借助符号、算式、文字等方式,帮助学生建立倍的模型。

(3)注重通过变式练习和反例辨析,帮助学生深化倍的认识。

(4)注重在丰富的生活情境中理解倍的现实含义。

(5)注重知识的拓展和联结。

"倍"属于概念教学,关于概念教学,特级教师张兴华老师在《儿童学习心理与小学数学教学》一书中建议:首次感知时,应强调本质特征,使之明显化;概念形成时,不再强调,而是充分运用变式,使概念概括化;概念形成后,巧用变式与反例,使概念精确化。设计"倍的认识"教学活动,也可以参考上述建议。

4.2　同课异构研究

所谓"同课异构",是指对同一个课题、同一个教学内容,采用不同的教学活动来教学。执教的老师可以是同一位老师,也可以是不同的老师。对"倍的认识"教学进行同课异构,虽然教学内容相同,都是"倍的认识",但每个教学设计的教学目标可能相同,也可能不同;每个教学设计的课堂教学结构及学习活动是不同的;每一种教学设计都有各自的特色,其侧重点及教学价值都会有所不同。研究"倍的认识"不同的教学设计,可以探索新的教学目标或教学途径,探索"倍的认识"不同的教学价值,从而更好地促进学生的学习和发展。以下是几种不同的教学设计。

4.2.1　基于教材编写的教学设计

数学教材是依据数学课程标准要求编写的重要的数学课程资源,它为学生的学习活动提供了学习主题、学习路径和知识结构。"倍的认识"这一课,无论哪一版本的教材在编写的过程中都重视对倍的意义的理解,关注学生已有的知识基础,通过多次感知,循序渐进认识倍的概念。以2022年人教版教材为例,教材创设了"小兔子吃萝卜"的童话情境,先通过对萝卜的分类计数、圈画比较,把抽象的"倍"与学生的已有知识"几个几"建立联系,然后通过比较圆片、摆小棒等活动帮助学生理解倍的意义。基于人教版教材的编写,可以设计如下教学活动。

【教学过程】

环节一:课前游戏,激活经验

师:同学们,喜欢玩游戏吗?咱们先来玩一个拍手游戏,请你们听清要求,因为在拍手的过程中也有学问哦。

老师拍3下,要求学生拍2个3下。想一想,怎样拍能让别人一听就知道是2个3下?应该先拍3下,停一下,再拍3下。学生拍出2个3下后,让学生再拍3个4下。

环节二:出示情境图(见图 4-28),揭示课题

图 4-28 人教版教材第 50 页情境图

师:小兔子数萝卜,怎么数也数不清,请你们帮它们数一数吧。

师:胡萝卜有 2 根,红萝卜有 6 根,白萝卜有 10 根。胡萝卜的根数和红萝卜的根数有怎样的关系呢?

师:胡萝卜的根数和红萝卜的根数除了多与少的关系,还有倍数关系,这节课,我们就一起来认识"倍"。

板书课题"倍的认识"

环节三:圈一圈,初步认识倍

师:胡萝卜有 2 根,我们把它看作一份圈起来。红萝卜里有这样的几份? 也就是红萝卜里有几个 2 根呢? 你能不能在图中圈一圈,让别人一眼就能看出红萝卜的根数里面有几个 2 根?

师:为什么要 2 根圈在一起?

因为胡萝卜有 2 根,所以红萝卜也要 2 根 2 根地圈在一起,只有这样,才能清楚地看出红萝卜里面有 3 个 2 根。也就是说要以胡萝卜的根数 2 根为标准来圈一圈(见图 4-29)。

图 4-29

师:像这样,胡萝卜有 2 根,红萝卜有 3 个 2 根,我们就说红萝卜的根数是胡萝卜的 3 倍。

师:刚才我们发现了红萝卜根数和胡萝卜根数的倍数关系,那么白萝卜的根数与胡萝卜的根数有没有倍数关系呢? 请大家圈一圈。

胡萝卜 2 根,白萝卜有 5 个 2 根,所以白萝卜的根数是胡萝卜的 5 倍(见图 4-30)。

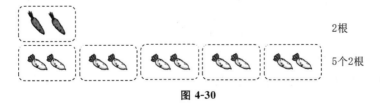

图 4-30

环节四:摆一摆,直观感知倍

师:第一行摆 3 根小棒,要求第二行摆的小棒是第一行的 4 倍。想一想,怎样摆才能让

别人一眼看出第二行的小棒是第一行的 4 倍?

组织学习汇报交流:你是如何摆的? 为什么要这样摆? 第二行要摆几个 3 根? 第二行一共摆了多少根小棒?

因为第一行有 3 根小棒,所以第二行要 3 根 3 根地摆,也就是摆好 3 根后,空出一段距离,再摆 3 根,这样摆,可以让人很清楚地看出第二行摆了 4 个 3 根,第二行一共摆了 12 根小棒(见图 4-31)。

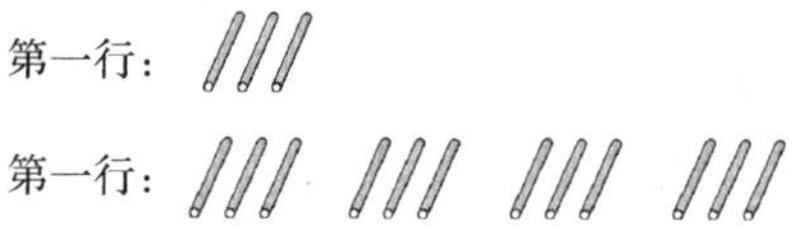

第一行: ///

第一行: /// /// /// ///

图 4-31

环节五:变一变,进一步认识倍

师:如果从第一行拿走一根小棒,第一行剩下 2 根小棒,想一想,现在第二行小棒是第一行的几倍?

师:如果再从第一行中拿走一根小棒,现在,第二行的小棒是第一行的几倍?

师:第二行小棒的根数没有变,为什么两行小棒之间的倍数关系却变了? 为什么第二行小棒的根数分别是第一行的 4 倍、6 倍、12 倍呢?

虽然比较量第二行小棒的根数没有变,但标准量也就是第一行小棒的根数,这个一倍数发生了变化,所以倍数也随着发生变化。

第二行小棒的根数里面有 4 个第一行小棒的根数,第二行小棒的根数就是第一行的 4 倍;第二行小棒的根数里面有 6 个第一行小棒的根数,第二行小棒的根数就是第一行的 6 倍;第二行小棒的根数里面有 12 个第一行小棒的根数,第二行小棒的根数就是第一行的 12 倍。

环节六:辨一辨,深刻理解倍

辨析练习:他们的说法对吗(见图 4-32)? 学生判断并说出理由。

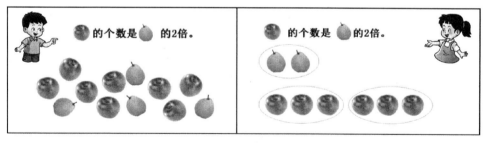

图 4-32

环节七:拍一拍,再次感悟倍

师:今天这节课,大家表现得很好,咱们再来玩一次拍手游戏,游戏要求你们拍的数量是老师拍的 3 倍。

教师拍 2 下,学生拍 3 个 2 下;

教师拍 3 下,学生拍 3 个 3 下;

教师拍 4 下,学生拍 3 个 4 下。

师:刚才你们拍的都是老师的 3 倍,为什么你们每次拍的数量都不一样呢?

虽然倍数相同——都是 3 倍,但是一份数也就是一倍数——老师拍的数量,这个比较的标准不同,所以总数也就不同。

环节八:说一说,回顾梳理

师:通过今天的学习,我们认识了倍,谁来说说你知道了什么? 有什么收获? 大家还有什么问题?

该设计遵循教材编排意图,通过"圈一圈""摆一摆""辨一辨""拍一拍""说一说"等活动,让学生经历建立倍的概念的过程,加深对倍的含义的理解。

4.2.2 基于已有经验的教学设计

学生在学习倍之前,已经学习了乘法和除法的初步认识,认识了"份"和"几个几",而"倍"与"份""几个几"联系紧密。教学中,唤醒学生已有的知识经验,建立"倍"与"份""几个几"的联结,可以帮助学生理解倍的含义。以下就是基于学生已有经验设计的教学活动。

【教学过程】

一、激活经验,初步建立"倍"

1.找"几个几"。

师:(出示图 1)从图中,你知道了什么?

图 1:□□□
　　　○○○○○○

师:你能看出圆的个数里面有几个方块的个数吗? 也就是 6 里面有几个 3?

师:谁能用圈一圈的方法,让别人一眼就能看出圆的个数里面有几个 3?(请学生圈)

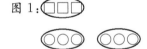

图 1:

师:为什么把 3 个圆圈在一起,而不是 2 个圆圈在一起?

师:因为是把圆的个数和方块的个数进行比较,我们要以方块的个数为标准,方块的个数是 3,所以要 3 个一圈。

师:(出示图 2、图 3、图 4)你能分别圈出这几幅图中,圆的个数里面有几个方块的个数吗?

图 2:□□□
　　　○○○○○○○○○

图 3:□□□
　　　○○○○○○○○○○○○

图 4:□□□
　　　○○○○○○○○○○○○○○○

2.揭示倍的概念。

师:(观察图 1)在这幅图中,方块有 3 个,我们把它看作一份,圆有 2 个 3,就有这样的 2

份,像这样,我们就说,圆的个数是方块个数的2倍。"倍"就是这节课我们要认识的新朋友。(板书课题:倍的认识)

3.说一说。

师:接下来,考验你们的时候到了,你能说一说这几幅图(图2、图3、图4)中圆和方块的个数之间的倍数关系吗?

师:请大家仔细观察这几幅图(图1、图2、图3、图4),你发现了什么?

图1:□□□   3   1份

○○○ ○○○   2个3   2份

○的个数是□的2倍

图2:□□□   3   1份

○○○ ○○○ ○○○   3个3   3份

○的个数是□的3倍

图3:□□□   3   1份

○○○ ○○○ ○○○ ○○○   4个3   4份

○的个数是□的4倍

图4:□□□   3   1份

○○○ ○○○ ○○○ ○○○ ○○○   5个3   5份

○的个数是□的5倍

学生先独立思考,然后小组交流,最后全班交流。

小结:方块的个数都是3个,圆的个数是几个3,就是方块的几倍。比较时,都是把方块的个数作为标准,看作一份,圆有这样的几份,就是方块的几倍。

二、动手操作,深刻理解"倍"

1.画一画,建立倍的表象。

师:我们已经发现了这几幅图中的倍数关系,如果让你画出一个倍数关系,会不会画?

2.PPT呈现学习纸,学生先说一说有几个要求,每一步分别做什么,再独立完成。

学习纸

①画一画。

○的个数是△的2倍。

三角形:＿＿＿＿＿＿＿＿＿＿＿＿＿＿＿

圆形:＿＿＿＿＿＿＿＿＿＿＿＿＿＿＿

②想一想:我画对了吗?

③同桌两人互相检查。

3.展示学生作品。

师:你们画的圆和三角形的个数都不一样,为什么圆的个数都是三角形的2倍呢?

师:都是以三角形的个数为标准,看作一份,圆的个数都有这样的两份。

抽象出第一行: ⬭

第二行: ⬭ ⬭

如果圆的个数有这样的三份,是几倍? 如果是 4 份呢?

4. 变一变,理解倍的内涵。

师:(出示下图)小明画了一幅图表示圆的个数是三角形的 2 倍,请你们判断,小明画对了吗?

△△△△△

|○○○○○○|○○○○○○|

师:小明怎样修改就正确了?

师:如果从图中擦去一个三角形,(出示下图)这时圆的个数是三角形的几倍? 为什么?

△△△△

○○○○○○○○○○

师:(出示下图)如果再擦去一个三角形呢?

△△△

○○○○○○○○○○

师:(出示下图)如果再擦去一个三角形呢?

△△

○○○○○○○○○○

师:观察这几幅图,你发现了什么?

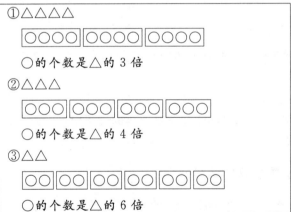

师:虽然圆的个数没有发生变化,但作为一份的"标准"发生了变化,所以倍数也随之发生了变化。看来,"标准"也就是"一份数"很重要。你觉得,我们在判断两个量之间的倍数关系时,应该怎样做?

小结:先找标准,把标准看作一份数,看另一个量里有这样的几份,就是几倍。

三、比较沟通,深化认识"倍"

判断:下图(见图4-33)中谁说的对?

想一想:谁说的对?

苹果比梨多3个。

苹果的个数是梨的4倍。

图 4-33

学生判断并说出理由。

师:以前我们看到这幅图,只知道苹果的个数比梨多 3 个,或梨的个数比苹果少 3 个。今天,我们认识了倍,还知道了苹果的个数是梨的 4 倍。想一想,我们是怎样比较"苹果比梨多几个"的?(把梨的个数作为标准,从苹果的数量里去掉和梨相同的数量,剩下的就是苹果比梨多的数量。)我们是怎样比较"苹果的个数是梨的几倍"的?(把梨的个数作为标准,看苹果里面有几个这样的标准,就是几倍。)

师:看来,"倍"和我们以前学习的"多几(少几)"一样,都是两个量进行比较后得出的结果。在比较时都要找标准,不同的是"比多少"是看另一个量比标准多几或少几,"倍"是看另一个量里有几个标准。

四、回顾梳理,拓展延伸"倍"

师:通过今天的学习,你知道了什么? 你还有什么问题?

出示图:△△△
　　　　○○○○○○○

师:你能用今天学习的倍的知识和以前学习的比多少的知识来说一说圆的个数和三角形之间的关系吗?

该设计通过提供结构化材料,帮助学生建立"倍"与"份""几个几"的联结;然后借助操作活动,抽象出倍的模型;注重引导学生在体悟变化的过程中,理解倍的本质;最后沟通差比与倍比,完善了知识网络。

4.2.3　基于度量视角的教学设计

"倍的认识"作为学生构建"乘法结构"的起始课,其知识和经验的基础是"几个几"。一课研究团队的周晓林老师通过对人教版教材脉络的梳理和分析,提出"倍的认识"这节课的关键问题是"如何用'几个几'的视角去构建两个量之间的倍数关系"。用"几个几"的视角去观察两个量,构建两个量之间的倍数关系,需要找到标准量,也就是以一个量为标准去刻画和度量另一个量,这本质上和度量物体是一致的,具有相同的结构。根据这种度量的意识和视角,周老师设计了基于关键问题破解的教学方案,该教学方案实质上也是基于度量的视角设计的教学活动。

【教学过程】

(一)问题引入

1.出示:□□

师:看到了什么?你能用一个数来表示□的个数吗?

2.出示:○○○○○○

师:看到了什么?我们不直接用数来表示○的个数,如果把"□□"看成一把尺,你能用它来"量一量"○的个数吗?

(二)学生活动

1.出示学习活动单:用你自己喜欢的方式表示你的度量结果。

2.学习活动作品的分享和交流:思考他人是怎么度量的,是怎么表示度量结果的。

3.小结:这些作品度量的结果有什么共同特点?

(都表示出了○中有3个2)

(三)揭示概念

1.引出概念:通过刚才的学习活动,我们知道了□有2个,○有这样的3组2个,我们就可以说○的个数是2个的3倍。

2.想一想,"2个的3倍"还可以怎么说?

引出:正方形的3倍;圆形是正方形的3倍。

3.你能照样子说一说□和△的关系吗?

□□

△△△△△△△△△△

引导得出:5组2个;2个的5倍,正方形的5倍,三角形是正方形的5倍。

4.概括总结:像这样的圆形有3个2,三角形有5个2,我们就说圆形是正方形的3倍,三角形是正方形的5倍。我们一起来说一说。

引出:这就是我们今天要学习的内容——倍的认识。

(四)练一练

1.圈一圈,填一填。

第二行的个数是第一行个数的( )倍。

第三行的个数是第一行个数的( )倍。

2.把原来的2个□变成3个□。

□□　　　　　──────▶　　　　　□□□

○○○○○○　　　　　　　　　　　○○○○○○

现在圆形是正方形的( )倍。

3.画一画,填一填。

第一行摆://///

第二行摆: 第一行的4倍

画一画:_____

第二行摆( )个 5 根,一共是( )根。

该设计从问题"如果把'□□'看成一把尺,你能用它来'量一量'○的个数吗"出发,引导学生用一个量去度量另一个量,用"倍"刻画出两个量之间的关系,沟通了"倍"与"几个几"之间的联系。

4.2.4 基于测试与自学的教学设计

在上一章教学前学生学习起点研究中,我们已经知道,在自学人教版教材三年级上册第50 页关于"倍"的内容后,仍有 62.9% 的学生认为"两个相等的量之间是 0 倍关系",11.3%的学生认为"一个量比另一个量多几就是它的几倍",22.6%的学生认为"一个量比另一个量多几倍就是它的几倍"。根据测查的学情结果,我设计了教学方案并进行了实践。

【教学过程】

(一)暴露问题,对比辨析

1.师:大家已经自学了课本,认识了倍,请大家按要求画一画。

出示活动要求:○画 2 个,△的个数是○的 3 倍。

2.学生独立画图。

3.对比辨析。

(1)展示学生作品。

画法 1:○○
　　　　△△△△△△

画法 2:○○
　　　　△△△△△△△△

画法 3:○○
　　　　△△△△△

师:你认为哪幅图表示的是"△的个数是○的 3 倍"?

师:想好之后,同桌两人互相说一说。

(教师巡视发现,有的同桌两人意见不能达成一致。)

(2)学生汇报交流。

①请认为第一种画法正确的学生讲理由。

生 1:○是 2 个,那么 2 个△就是○的 1 倍,4 个△是○的 2 倍,6 个△是○的 3 倍。

生 2:○有 2 个,2 乘 3 才等于 6 个,所以△应该有 3 组 2 个。

生 3:6÷2=3,○有 2 个,6 个△才是○的 3 倍。

生 4:我觉得应该是△有几个 2,就是○的几倍,△有 6 个,○有 2 个,6 里面有 3 个 2,△就是○的 3 倍。

师:你能不能圈一圈,让大家看出 6 里面有 3 个 2?

生 4:(在图中圈)大家看明白了吗?

生:(齐)看明白了(学生鼓掌)。

师:为什么要把 2 个△圈在一起?

生:因为○画的是 2 个,△的每一组也要和○一样。

师:她说什么,谁听清楚了?

生:她说○是 2 个,所以△每一组也得是 2 个。

师:我们在圈的时候,能不能随便圈?

生:不能。

师:以谁为标准来圈?

生:要以○的个数为标准来圈。

师:○有 2 个,以○的个数为标准来圈,(师指图,师生共数)1 个 2、2 个 2、3 个 2,△里面一共有 3 个 2。

师:把 2 个○作为标准,其实就是把它看作了 1 份,△有 3 个 2,就有这样的 3 份,所以,我们说△的个数是○的几倍?

生:(齐)3 倍。

师:3 在哪里呢? 谁来找一找。

生 1:(指图)1 个 2,2 个 2,3 个 2,3 指的就是 3 个 2,3 个 2 就是 3 倍。

生 2:(指图)2 个是 1 组,3 指的是有这样的 3 组。

②教师请认为第二种画法正确的学生讲理由。

生 1:边讲边圈,如下图)○有 2 个,要 2 个一圈,这两个△和上面○的个数一样,我觉得△是○的 3 倍,应该是后面要多出来 3 组。

生 2:我觉得你这样圈一共是 4 个 2,二四得八,8 不是 2 的 3 倍呀。

生 3:你画的是多了 3 组,这样就是多了 3 倍。

生 4:多了 3 倍应该是 4 倍,不应该是 3 倍。

生 1:我还以为相同的(部分)不算呢,多的(部分)是它的几倍就是几倍。

师:读一读这句话,"△的个数是○的 3 倍"这里"△的个数"指的是所有△的个数,还是△比○多的个数?

生:(齐)所有△的个数。

生 1:如果说△比○多的个数是○的 3 倍,那就对了。

师:是的,△比○多的个数是○的 3 倍,说明△的个数是○的——

生:(齐)4 倍。

师:如果这里增加 2 个△,现在△的个数是○的几倍? 再增加 2 个△呢?

第一种情况：○ ○
　　　　　　△ △ △ △ △ △ △ △ △ △

第二种情况：○ ○
　　　　　　△ △ △ △ △ △ △ △ △ △ △ △

学生分别说出△的个数是○的 5 倍、△的个数是○的 6 倍。

师：○的个数没有变，△的个数怎么有时是○的 5 倍，有时是○的 6 倍呢？

生 1：因为△的个数发生了变化。

生 2：○的个数是 2，△的个数有 5 个 2，就是○的 5 倍，△的个数有 6 个 2，就是○的 6 倍。

生 3：△的个数里面有几个○的个数，就是○的几倍。

③教师请第三种画法的学生讲想法。

师：通过刚才的交流，我们现在明白了第二种画法表示的是△的个数是○的 4 倍。谁来说说第三种画法？

生 1：我一开始认为第三种画法是正确的，但现在我认为它是错误的。

生 2：我开始以为 3 倍就是△除了和○相等的 2 个以外，还要多 3 个△，现在我明白了，这种画法是不对的。

生 3：这种画法画的是△比○多 3 个，不是△的个数是○的 3 倍。

师：你们的理解是对的，真为你们高兴！从△的个数里去掉和○相同的个数，得到的是△比○多的个数，这是我们以前学习的内容，而今天学习的倍，表示的是△的个数里面有几个○的个数，△的个数就是○的几倍。

出示活动要求：改变这幅图（第三种画法）中一种图形的个数，使△和○之间有"倍"的关系。

学生独立思考、画图。

展示学生作品：

作品 1：

　　　　　△的个数是○的 3 倍。

作品 2：

　　　　　△的个数是○的 5 倍。

师：有一位同学是这样修改的，你觉得这幅图中的△和○之间有"倍"的关系吗？

作品 3：

学生答案不统一。

生 1：没有倍数关系，因为它们一样多。

生 2：△的个数减○的个数等于 0，所以它们之间没有倍数关系。

生 3：我觉得有倍数关系，应该是 1 倍。

师:想一想,我们刚才是怎么找"倍"的? 大家在小组内议一议,△和○的个数之间有没有"倍"的关系?

讨论得出:把○的个数作为标准,看作1份,△有这样的1份,△的个数是○的1倍;也可以把△的个数作为标准,看作1份,○有这样的1份,○的个数是△的1倍。

师:还有一位同学是这样修改的,对吗?

作品4:○ ○

　　　　△

学生答案不统一。

生1:不对,△和○的个数之间没有"倍"的关系,因为△比○少。

生2:我认为对,△的个数是○的个数的一半,△的个数是○的半倍。

生3:我觉得应该是○的个数是△的2倍。

讨论得出:把○的个数作为标准,△的个数是○的个数的一半,△的个数是○的半倍;把△的个数作为标准,看作1份,○有这样的2份,○的个数是△的2倍。

(二)画图表征,构建模型

1.画一画:△的个数是○的3倍。(你能想到几种情况就画几种)

2.学生独立画图。

3.汇报交流。

师:谁来说说感受?

生:我画了好几种情况,还没有画完。

生:我觉得有无数种,画也画不完。

师:你们觉得○可以画几个?

生:我觉得可以画1个、2个、3个……很多个。

师:你们画的○和△的个数都不一样,怎么都能表示△的个数是○的3倍呢?

生:因为都是把○的个数看作标准,△的个数里有3个标准。

生:都是把○的个数看作1份,△的个数是这样的3份。

师:刚才有同学说可以画好多好多种情况,大家有没有办法,只画一幅图,就可以把这所有的情况都表示出来?

引出线段图(见图4-34):先画一条线段表示○的个数,再连续画出3段大约与第一条线段同长的线段来表示△的个数。

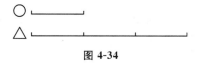

图4-34

师:想一想,这幅线段图(隐去图中的○和△)除了可以表示○的个数是△的3倍,还可以表示谁是谁的3倍?

交流得出:还可以表示男生人数是女生的3倍、红花朵数是黄花的3倍、柳树棵树是杨树棵树的3倍等等,只要两个量之间有3倍的关系,都可以用这幅线段图来表示。

（三）交流收获

师：通过今天的学习，我们认识了倍，谁来说说你的收获？大家还有什么问题？

该设计针对前测中了解的学情，充分暴露问题，通过讨论辨析，矫正学生的认知偏差，学生在自主互助的探究交流中建立了"倍"的概念。

4.2.5　基于自学—提问的教学设计

自学能力和提出问题的能力都是学生必备的学习能力。教学"倍的认识"也可以从自学—提问的角度进行设计。为什么要把自学与提问结合在一起？我们知道，仅仅自学，学生有可能只是读读教材，并不主动去深究结论背后的道理，不会深思自己遇到的困惑或产生的疑问，而在自学的基础上进行提问，就可以促使学生在阅读教材时不断地思考、深入地思考。事实上，自学—提问也是一种学习方式，是学生可以经常采用的学习方式。从自学和提问的时间上看，自学—提问可以在课内进行，也可以在课外以预习作业的形式进行。这里的自学和提问指的是在课内开展的活动。那么，基于自学—提问的角度，怎样设计"倍的认识"的教学呢？

教学过程。

环节一：自学教材，提出问题

1.上课开始，教师提出自学要求：学生独立自学课本，边读边思考并提出问题。问题分为两类：一类是自己通过自学课本已经知道答案，想要考考同桌的问题；一类是自己也不知道答案，想要请教老师和同学的问题。

第一类问题大都是教材中已经呈现的内容，这类问题学生通过阅读课本，已经知道答案。比如"红萝卜的根数是胡萝卜的几倍？""白萝卜的根数是胡萝卜的几倍？""为什么说红萝卜的根数是胡萝卜的 3 倍？"

第二类问题是学生在自学中遇到的困惑，或自学后产生的一些想法，但不知是否正确。比如"是不是一个数量比另一个数量多的时候，它们之间才有倍的关系？""如果两种萝卜的数量相等，它们之间还有没有倍的关系？""如果有 3 只白兔和 2 只黑兔，白兔和黑兔之间有没有倍的关系？"

2.学生按照要求开始自学课本，并提出问题。

环节二：小组交流，整理问题

学生自学后，4 人为一小组，先将第一类问题相互提问、回答，然后对第二类问题进行整理，小组内讨论，看能否解决这类问题，讨论后，把不能解决的问题记录下来。

环节三：全班交流，解决问题

各小组进行汇报，汇报内容是通过自学已经知道了什么，还有哪些问题需要请教大家。最后围绕还没有解决的问题，全班进行交流，在交流中教师做好组织和引导，帮助学生通过辨析等活动解决问题。

环节四：回顾梳理，提出问题

请学生静静地想一想，这节课我们学到了哪些知识？我们是怎么学习的？有哪些收获？还有什么问题？

针对学生提出的新问题，请学生课后去进一步思考，通过多种途径尝试解决。

4.2.6　基于数学思想的教学设计

数学教材中呈现的教学内容贯穿着两条主线:一条是明线,即写进教材的数学概念、公式等数学知识;一条是暗线,即隐含在数学知识体系里的数学思想与方法。通过义务教育阶段的数学学习,学生获得数学基本思想是《义务教育数学课程标准(2011 年版)》新增加的课程目标。抽象、推理和模型,这三个重要的数学基本思想,也是数学核心素养最为重要的三个要素。在"倍的认识"这节课中,怎么做才能有效渗透数学基本思想,用数学思想来引领教学的全过程? 特级教师吴汝萍进行了探索和实践。

教学目标。

1.结合具体图式,理解"倍"的含义,体会两个数之间的包含关系与"倍"的含义的内在联系。

2.结合具体情境,理解求"一个数是另一个数的几倍"这类实际问题的数量关系,培养初步的抽象、推理能力。

3.创设游戏、操作等活动情境,激发数学学习的兴趣。

教学重点:理解"倍"的概念。

教学难点:理解"求一个数是另一个数的几倍"这类实际问题的数量关系,培养初步的抽象、推理能力。

教学过程。

一、关系引入,渗透数学思想

拍手游戏:老师拍 3 下,请小朋友比老师多拍 3 下。

提问:小朋友拍了几下?

引导:如果把拍手的动作在黑板上画出来,可以怎么画? 用圆圈可以吗?

在黑板上分别画出老师和小朋友拍手的数量:

3　●●●

6　●●●●●●

比较:3 和 6 这两个数之间有什么关系?

讨论得出:6 比 3 多 3 个,3 比 6 少 3 个,6 里面有 2 个 3。

拍手表示 2 个 3:大家发现 6 里面正好有 2 个 3,那怎么拍 6 下,能让人一听就知道 6 里面正好有 2 个 3?

用图表示 2 个 3:黑板上的图怎么画,能让人一眼看出 6 里面有 2 个 3?

3　

6　

揭示倍数关系:6 里面正好有 2 个 3,一般我们就说 6 和 3 之间有倍数关系。

二、活动展开,渗透数学思想

(一)认识 2 倍

说明:把 3 看成一份,6 里面正好有 2 个 3,就可以说 6 和 3 之间是 2 倍的关系。

猜想:6和3之间,谁是谁的2倍?

追问:为什么说6是3的2倍?

抽象:6里面有2个3,6就是3的2倍。

推理:知道6是3的2倍,你还能推想到哪个数是哪个数的2倍?

(二)认识几倍

1.男生拍3下,女生拍12下。

提问:3和12之间有倍数关系?怎么拍让人一听就知道12是3的几倍?

出示直观图:

女生　●●●

男生　●●● ●●● ●●● ●●●

讨论:为什么可以说12是3的4倍?

2.女生拍5下,男生拍15下。

提问:5和15之间有倍数关系?怎么拍让人一听就知道男生拍的是女生的几倍?

出示直观图:

女生　●●●●●

男生　●●●●● ●●●●● ●●●●●

讨论:为什么可以说15就是5的3倍?

3.出示要求:小朋友们拍3下,吴老师拍的是你们拍的3倍。

学生拍3下后,教师拍了3个2下。

出示直观图:

小朋友　●●●

吴老师　●● ●● ●●

讨论:吴老师拍得对不对?为什么?

追问:应该怎么拍?谁能帮吴老师拍一下?

老师重新拍后出示直观图:

小朋友　●●●

吴老师　●●● ●●● ●●●

追问:吴老师开始拍错了,拍的是6下,那吴老师拍6下,是小朋友们拍的几倍?

(三)建立模型

1.第一行画2根小棒,第二行画6根小棒。第二行的小棒怎么圈,能让人一眼看出6是2的几倍?

2.第一行画3根小棒,第二行画15根小棒。第二行的小棒怎么圈,能让人一眼看出15是3的几倍?

3.第一行画8根小棒,第二行画40根小棒。40是8的几倍?

指出:如果不画也能知道40是8的几倍,可以不画。你知道40是8的几倍?

讨论:为什么可以说 40 是 8 的 5 倍?不画怎么就知道了,怎么算的?

学生提出用除法计算:$40 \div 8 = 5$。

理解模型:能说说可以用除法来算的理由吗?

让学生在交流中理解:要想知道 40 是 8 的几倍,只要算出 40 里面有几个 8,所以就可以用除法计算。

4.第一行画 8 根小棒,第二行画 72 根小棒,你能很快算出 72 是 8 的几倍吗?学生用除法算出 72 是 8 的 9 倍。

三、拓展提升,渗透数学思想

(一)算一算

1.如果要知道"草莓的个数是桃的几倍",需要知道什么条件?怎么算?

引导学生用数量关系式来表达草莓和桃之间存在的倍数关系。

2.出示各种水果的数量,让学生算出草莓的个数是桃的几倍。

3.找出数量存在倍数关系的两种水果,算出它们之间的倍数后进行交流。

(二)估一估

1.两个角:一个是直角,一个是 45° 的锐角,直角的度数是这个锐角的(　　)倍。

2.两个正方形:大正方形的面积是小正方形面积的(　　)倍。

3.两根带子:(1)学生估后出示直条图,明确红带子的长是绿带子的 5 倍。(2)如果绿带子表示公鸡的只数,红带子表示母鸡的只数,这幅图就表示谁是谁的几倍?(3)如果绿带子和红带子分别表示男生和女生的人数,这幅图就表示谁是谁的几倍?(4)表示女生的红带子依次减少一份,让学生分别说一说女生是男生的几倍。

4.两条线段:(1)学生估计后出示两条线段的长度,通过计算验证估计的结果是否正确。(2)如果这两条线段分别表示★和▲的个数(见图 4-35),这幅线段图表示谁是谁的几倍?(3)这幅线段图中的长线段和短线段还可以分别表示什么和什么?谁是谁的几倍(见图 4-36)?

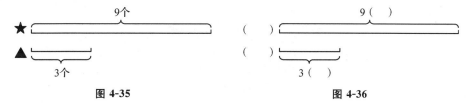

图 4-35　　　　　　　　　　　　　　　图 4-36

(三)画一画

1.引导:请小朋友们画一画,表示○的个数是△的 3 倍。可以怎么表示?

2.根据学生的汇报,填写出下表:

△	1	2	3	4	5	⋯
○	3	6	9	12	15	⋯

引导学生观察表中的数据,思考:○的个数在变,△的个数也在变,什么没有变?还可以怎么表示出"○的个数是△的 3 倍"?

依次出示用直条图和线段图表征的方法(见图 4-37、4-38):

（1）

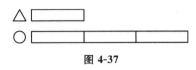

图 4-37

（2）

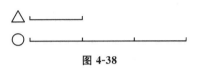

图 4-38

比较：这些方法都表示"○的个数是△的 3 倍"，你比较喜欢哪种方法？为什么呢？

（四）猜一猜

出示下图，让学生猜一猜：梨可能有几个，苹果的个数是梨的几倍（见图 4-39）？

图 4-39

拓展：梨有 3 个，苹果和梨之间的关系还可以用倍数来表示吗？

图 4-40

引导：这样看呢，可以怎么说（见图 4-40）？

图 4-41

引导：这样看呢（见图 4-41）？

经过讨论，学生认识到：苹果个数比梨的 2 倍多 2 个，苹果个数比梨的 3 倍少 1 个。

思考

如果让你设计"倍的认识"教学过程，你会从哪个角度设计？

4.3　说课研究

说课是在备课的基础上，说教什么、怎么教和为什么这样教。相对应的有学生学什么、怎么学和为什么这样学。

> 你觉得对"倍的认识"教学进行说课时,主要应该说哪些内容?

"倍的认识"这节课的说课可以包括以下几个方面的内容:说教材、说学生、说教学目标和重难点、说教法和学法、说教学过程和设计意图等等。

说教材就是要说"倍的认识"这节课的内容在教材中的地位与作用。这主要是指在学习"倍的认识"之前,教材已经编排了哪些与它相关的内容让学生学习,以及学习了"倍的认识"后,对今后学习哪些内容有什么作用。说学生就是要对学生的情况进行分析,这里主要指学生的学情。如果有可能,还需要对学生进行前测,通过对前测信息的梳理分析,找准学生的学习起点,弄清学生的思维难点。说教学目标时,可以根据2022年版的数学课程标准总目标去表述。说教法和学法实际上包含两个方面,一是指教师为完成教学任务而采用的方法,即教师教的方法;二是指学生为完成学习任务而采用的方法,即学生学的方法。说教学过程和设计意图,就是不仅要说教学过程中的每一个环节,还要说每一个环节的设计意图,即为什么要这样设计。在说完整个教学过程后,也可以把自己对这节课的整体想法,即整体的设计意图做一阐述。

下面我们就以本书上一节中的"基于已有经验的教学设计"的教学活动为例,展开"倍的认识"的说课。

尊敬的各位评委、各位老师:

大家好!

今天我说课的内容是人教版三年级上册第五单元中的例1"倍的认识"。我将从"说教材、说学生、说教学目标和重难点、说教法和学法、说教学过程和设计意图"这五个方面来说这节课。

一、说教材

首先来说教材,教材是重要的课程资源。"倍的认识"这节课,是在学生初步认识了乘法和除法的基础上安排的"整数倍"的学习内容。这是一节概念课,是学生第一次学习两个量之间的比率关系,是学生后续学习分数、百分数、比这些概念的基础。

"倍的认识"这节课,人教版教材提供的是"小兔子吃萝卜"的情境,通过"圈一圈"的活动,把旧知识"几个几"转化为新知识"倍的含义"。教材编排符合学生认知特点,关注学生已有知识基础。但我觉得,情境图中的胡萝卜、红萝卜、白萝卜文字较接近,说起来较拗口,不利于辨析,所以这节课我没有采用教材中的情境。

二、说学生

上面是我对教材的分析,但教学最重要的是学生,学生在学习"倍的认识"前情况怎样呢?这就是我要说的第二块内容:说学生。根据前测发现,虽然有80.6%的学生听说过倍,但了解"倍"的学生并不多。48.4%的学生认为只有当一个量比另一个量多时,两个量之间才有倍数关系,倍存在于一个量比另一个量多的部分中。

这是学生在理解"倍"的概念内涵时的困难和障碍。小学生的认知结构主要有加法结构和乘法结构,在学习倍之前,学生头脑中建构的是"加法结构",是数量的合并与多少的比较。学习倍,需要在学生头脑中开始建构"乘法结构",要理解两个量之间的比率关系,而认知结构的转变是学生学习的最大困难。

三、说教学目标和重难点

根据上面对教材与学生的分析,结合课程标准中关于教学目标的内容,我确定了这节课的教学目标与重难点。

教学目标:

1.结合具体情境理解"几个几"与"几倍""几份"之间的联系,知道两个量进行比较时,以较小的量为标准,另一个量里有几个标准就是它的几倍,建立倍的概念。

2.通过圈一圈、画一画等方式,在观察、比较、变化、抽象中,学生经历建构倍的直观模型学习过程,理解"倍"的本质。

3.培养学生观察、表达、倾听等能力,养成良好的学习习惯。

教学重点:获得"倍"的直观体验,建立"倍"的概念。

教学难点:理解"倍"的含义,建立"倍"的模型。

四、说教法和学法

教法:启发式谈话法、发现法、讲解法。

学法:动手操作、自主探索、合作交流。

五、说教学过程和设计意图

为了达成本节课的教学目标,使学生掌握重点,突破难点,这节课,共设计了四个大的教学环节,下面我将按照教学的顺序依次说每个环节的内容与设计意图。

环节一:激活经验,初步建立"倍"。

首先,出示图1:3个方块和6个圆,让学生说一说从图中知道了什么。然后提出问题:你能看出圆的个数里面有几个方块的个数吗?也就是6里面有几个3?谁能用圈一圈的方法,让别人一眼就能看出圆的个数里面有几个3?学生完成圈一圈的活动后,教师进行追问:为什么把3个圆圈在一起?学生会说,因为有3个方块,要以方块的个数为标准来圈。

接着依次出示图2、图3、图4三幅图,三幅图中分别有3个方块和9个圆、3个方块和12个圆、3个方块和15个圆,让学生圈出这三幅图中圆的个数里面有几个方块的个数。

接下来,结合图1,揭示倍的概念:在这幅图中,方块有3个,我们把它看作一份,圆有2个3,就有这样的2份,像这样,我们就可以说,圆的个数是方块的2倍。"倍"就是这节课我们要认识的新朋友。(揭示课题:倍的认识)这就把新知识"倍"与已有的知识"几个几"和"份"建立了联结,也就是借助"几个几"和"份"来揭示倍。

然后让学生分别找出图2、图3和图4这三幅图中圆的个数与方块个数之间的倍数关系。学生找出图中的倍数关系后,引导学生观察图1、图2、图3和图4这几幅图,说一说自己的发现:在这几幅图中,方块的个数都是3个,圆的个数有几个3,

就是方块的几倍。比较时,都是把方块的个数作为标准,看作一份,圆有这样的几份,就是方块的几倍。

图1:□□□   3   1份
○○○ ○○○   2个3   2份
○的个数是□的2倍

图2:□□□   3   1份
○○○ ○○○ ○○○   3个3   3份
○的个数是□的3倍

图3:□□□   3   1份
○○○ ○○○ ○○○ ○○○   4个3   4份
○的个数是□的4倍

图4:□□□   3   1份
○○○ ○○○ ○○○ ○○○ ○○○   5个3   5份
○的个数是□的5倍

这样设计,通过提供结构化材料,进一步帮助学生理解"倍"与"几个几""几份"之间的联系,经历"倍"概念形成的过程,建立倍的模型。

环节二:动手操作,深刻理解"倍"。

在初步建立倍的概念后,还要设计一些活动来丰富倍的内涵,而操作活动是内部思维活动的外化,所以,本节课的第二个环节是:动手操作,深刻理解"倍"。设计了学生画"○的个数是△的2倍"这样一个操作活动。

学习纸

①画一画。

　　○的个数是△的2倍。

三角形:＿＿＿＿＿＿＿＿＿＿＿＿＿

圆形:＿＿＿＿＿＿＿＿＿＿＿＿＿＿＿

②想一想:我画对了吗?

③同桌两人互相检查。

学生展示作品后,引导学生思考:为什么大家画的○和△的个数都不一样,而○的个数都是△的2倍呢?因为都是以△的个数为标准,看作一份,○的个数都有这样的两份。从而抽象出倍的模型:

第一行:

第二行:

引导学生继续思考:如果○的个数有这样的三份,是几倍?如果是4份呢?

接下来,呈现反例:小明也画了一幅图,小明画的三角形有5个,圆有12个。

请大家判断,小明画的圆的个数是三角形的 2 倍吗? 他画对了吗? 小明画的圆的个数不是三角形的 2 倍,所以小明的画法是错误的。引导学生想一想:小明怎样修改就正确了? 接下来,教师依次从小明画的图中擦去一些三角形,让学生判断现在圆和三角形之间的倍数关系,并说出理由。

① △△△△
　□○○○○□ □○○○○□ □○○○○□
　○的个数是△的 3 倍

② △△△
　□○○○□ □○○○□ □○○○□ □○○○□
　○的个数是△的 4 倍

③ △△
　□○○□ □○○□ □○○□ □○○□ □○○□ □○○□
　○的个数是△的 6 倍

在学生准确找出每幅图中○和△个数之间的倍数关系后,引导学生观察这几幅图,说一说自己的发现并提出问题:圆的个数都是 12 个,没有变化,圆和三角形之间的倍数为什么变了呢? 引导学生发现:圆的个数虽然没有变化,但标准也就是△的个数发生了变化,所以倍数也发生了变化。

至此,这节课中已让学生三次体悟变化活动。

第一次:通过图 1、图 2、图 3 和图 4 四幅图中的倍数关系,让学生体悟到标准量不变,比较量和倍数变化。

图 1:□□□ 　　　　　　　　　　　3　　　　1份
　⬭○○○⬭ ⬭○○○⬭ 　　　　2个3　　　2份
　○的个数是□的 2 倍

图 2:□□□ 　　　　　　　　　　　3　　　　1份
　⬭○○○⬭ ⬭○○○⬭ ⬭○○○⬭ 　　3个3　　　3份
　○的个数是□的 3 倍

图 3:□□□ 　　　　　　　　　　　3　　　　1份
　⬭○○○⬭ ⬭○○○⬭ ⬭○○○⬭ ⬭○○○⬭ 　4个3　　4份
　○的个数是□的 4 倍

图 4:□□□ 　　　　　　　　　　　3　　　　1份
　⬭○○○⬭ ⬭○○○⬭ ⬭○○○⬭ ⬭○○○⬭ ⬭○○○⬭ 　5个3　　5份
　○的个数是□的 5 倍

第二次:通过观察学生作品的不同与相同之处,让学生体悟到倍数不变,标准量和比较量变化(见图 4-42)。

 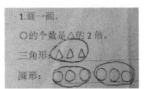 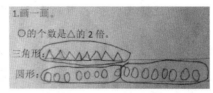

图 4-42　三年级学生的作品

第三次：通过擦去小明作品中的一些三角形，让学生体悟到比较量不变，标准量和倍数变化。

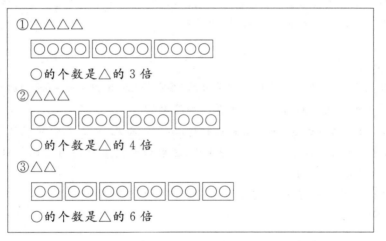

这三次变化活动，不仅帮助学生理解了倍的本质，还初步渗透了变与不变的函数思想。

环节三：比较沟通，深化认识"倍"。

"倍"的产生源于比较。大部分学生并不清楚"差比"和"倍比"实际上是比较的两种不同方法，所以，在环节三"比较沟通，深化认识'倍'"中，我设计了判断"谁说的对"这一问题(见图 4-43)。

想一想：谁说的对？

苹果比梨多3个。

苹果的个数是梨的4倍。

图 4-43

通过这个问题,帮助学生明白"倍"和我们以前学习的"多几(少几)"一样,都是两个量进行比较后得出的结果。在比较时都要找标准,不同的是"比多少"是看另一个量比标准多几或少几,"倍"是看另一个量里有几个标准(见图4-44)。从而沟通了新旧知识联系,把新知纳入已有的知识体系中。

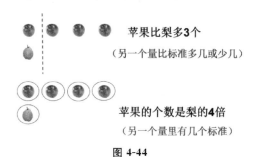

图 4-44

环节四:回顾梳理,拓展延伸"倍"。

最后一个环节回顾梳理,拓展延伸"倍",让学生说一说:通过今天的学习,你知道了什么? 你还有什么问题? 最后,出示图:

△△△
○○○○○○○

你能用今天学习的"倍"和以前学习的"多与少"的知识来说一说○的个数和△之间的关系吗? 这个问题留给学生课后去思考。

在这节课中,我通过"提供结构化材料,建立倍与几个几、几份的联结""借助动手操作,抽象出倍的模型""体悟各种变化,理解倍的内涵""沟通差比与倍比,完善知识网络"帮助学生认识了倍。

以上就是我的说课内容,请各位专家评委和老师们批评指正!

板书设计:

倍的认识

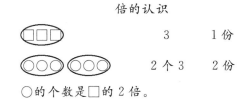

5 教学后学生情况研究

研究学生的学习情况,除了在学习新知识之前,通过前测研究学生的学习起点外,还可以在学习新知识以后,通过测查和访谈等方式,研究学生对所学知识的掌握情况及情感态度等方面的表现。在本章中,我们只研究学生对所学知识的掌握情况,这实质上,就是从知识技能方面对学生的学习情况进行评价。因这些测查是在学生学习新知识之后进行的,所以通常叫作后测。

5.1 确定后测卷的内容

思考

在学生学习了"倍的认识"后,要测查他们对于知识技能的掌握情况,如何确定测查的内容?

要确定后测卷的内容,主要从课标和课堂教学目标两个方面来考虑。

首先,从课标的角度去思考,课标对倍的认识教学提出了哪些要求,要达到什么目标,然后根据这个目标来确定后测的内容。根据课标,"倍的认识"教学知识与技能方面的基本要求是以下两个方面:①测查学生对倍的含义的理解情况;②测查学生对倍的应用情况。

其次,从课堂教学目标的角度去思考,这节课的教学目标有哪些,然后根据教学目标来确定后测的内容。这里需要注意的是,不同的教学设计,教学目标可能有所不同,但整体来说,教学目标还是大致相同的,都要关注学生是否理解倍的含义,建立倍的概念。

一般来说,后测都是在学生学完新知识以后及时进行,即新授课结束之后进行的。考虑到现行的人教版教材把"建立倍的概念"和"解决与倍有关的实际问题"编排为一个单元集中呈现,为了进一步了解学生对于倍的理解掌握情况及学习困难,我们在学生(使用人教版教材的学生)学完"倍的认识"单元之后和进行总复习之前这段时间里进行了两次后测,后测卷内容包括"建立倍的概念"和"解决与倍有关的实际问题"两部分内容。

"倍的认识"后测卷(一)

1.画一画(第二行△的个数是第一行的 4 倍)。

第一行:△△△

第二行:_____

2.填一填。

(1)6 的 4 倍是(   );35 是 5 的(   )倍;36 是(   )的 6 倍;8 的(   )倍是 72。

(2)○○○
●●● ●●● ●●●
●●● ●●● ●●● ●●● ●●●

●的个数是○的（　　　）倍，●的个数是○的（　　　）倍，●的个数是●的
（　　　）倍。

(3)○○○○○○○○○○○
☆☆☆☆☆☆
△△

☆的个数是△的（　　　）倍；○的个数是△的（　　　）倍；○的个数是☆的
（　　　）倍。

3.涂一涂、填一填。

(1)

●●●●●●●●●●●●●○○○○○○○○○○○○○○○○○
△△△△△△△△△△△△△△△△△△△△△△△△△△△
□□□□□□□□□□□□□□□□□□□□□□□□□□□□□□

已经将（　　　）个○涂成了●；

要使●的个数是▲的2倍，要涂（　　　）个△；

要使▲的个数是■的3倍，要涂（　　　）个□。

(2)请给下图中的18个○涂上两种不同的颜色，使两种颜色的圆形有倍数
关系。

○○○○○○○○○○○○○○○○○○

（　　　）的个数是（　　　）的（　　　）倍。

4.看图回答问题。

(1)把2个黄气球作为1份，蓝气球的个数是黄气球的（　　　）倍，红气球的个
数是黄气球的（　　　）倍。

(2)如果增加1个黄气球，红气球的个数是黄气球的（　　　）倍。

(3)照上图的顺序挂气球，如果红气球一共挂了18个，蓝气球一共挂了
（　　　）个。

我是这样想的：

5.解决问题。

小亮原来有多少根小棒?

"倍的认识"后测卷(二)

1.6 的 3 倍是多少,就是求( )个( )是多少。

2.5 个 4 可以说成( )的( )倍。

3.同学们到动物园游玩,参观熊猫馆的有 27 人,参观狮子馆的有 9 人。参观熊猫馆的人数是参观狮子馆的几倍?

4.小亮收集了 16 枚邮票,小军收集的邮票是小亮的 2 倍。小军收集了多少枚邮票?

5.停车场里有 24 辆小汽车,小汽车的数量是大客车的 3 倍。停车场里有多少辆大客车?

6.亮亮今年 4 岁,爸爸的年龄比亮亮的 6 倍多 4 岁。爸爸今年多少岁?

7.小丽有 6 颗红珠子,48 颗黄珠子,小丽想用这些珠子做一串项链。红珠子的数量不变,要使黄珠子的数量是红珠子的 9 倍,需要增加几颗黄珠子?

8.小丽有 6 颗红珠子,48 颗黄珠子,小丽想用这些珠子做一串项链。黄珠子的数量不变,要使黄珠子的数量是红珠子的 6 倍,需要增加几颗红珠子?

5.2 学生后测结果分析

我们分别用这两张后测卷,在不同的时间对同一个班的学生(学生数是 61 人)进行了后测。这里需要说明的是,进行两次前测和两次后测,用的是同一个班级的学生,因有一人请假,所以后测人数为 61 人。

5.2.1 第一次后测结果分析

第一次后测选用后测卷(一),在学生学完"倍的认识"单元之后进行,测查结果如下。

(1)学生较好地理解了倍的含义,能正确解决两个数之间的倍数关系问题。

后测卷(一)中的第 1 题,是让学生应用倍的含义画出第二行△的个数。这一题的正确率约为 98.4%(有一个学生画了 11 个△,测查后对该生进行访谈,他说应该画 12 个△,自己画好后数△的个数时数错了),这说明几乎所有的学生都已理解倍的含义。第 2 题中的第(1)小题,学生脱离具体情境解决与倍有关的问题,这一题共 4 问,第一问的正确率是 100%,第二问的正确率是 95.1%(有 3 个学生用 35×5 计算得数),第三问和第四问的正确率均为 98.4%(有一个学生因乘法口诀错误填写出错),学生脱离直观图或具体情境后,依然能正确解决两个数之间的倍数关系问题,这说明学生对两个数之间的倍数关系掌握较好。

（2）部分学生不能准确找出三个量之间的倍数关系。

第2题的第（2）和第（3）小题，都是让学生根据倍的含义判断三个量之间的倍数关系。虽然两个小题中呈现的都是三个量，但三个量的呈现方式有所不同。

第（2）小题选用的是人教版教材"做一做"中的一道习题，但对圆片颜色做了修改，对习题内容做了拓展，增加了判断第三行圆片与第二行圆片的倍数关系这一内容，学生解答情况见表5-1。

表5-1　后测卷（一）第2题的第（2）小题学生答案统计表

题目	类别	人数	百分比	备注
●是○的（　）倍	正确	60人	98.4%	
	错误	1人	1.6%	
●是○的（　）倍	正确	58人	95.1%	
	错误	3人	4.9%	2人填2倍，1人填9倍
●是●的（　）倍	正确	48人	78.7%	
	错误	13人	21.3%	11人填6倍，2人填3倍

测查结果显示，前两问的准确率较高。这是因为图中圆片的摆放方式已经直观地反映出●和○、●和○数量之间的倍数关系。第三问属于变式练习，学生解答第三问时，要做到不受"3个圆片为一组"的影响，能根据每种圆片的总个数，找出它们之间的倍数关系。通过访谈得知，填写"6倍"和"3倍"的学生没有关注●和●的总个数，仍是以"3个圆片"为一组，判断两个量之间的倍数关系。如填写"6倍"的学生认为3个圆片为一组，●有6组（6个3），所以是6倍；填写"3倍"的学生认为3个圆片为一组，●比●多了3组（3个3），所以是3倍，这说明他们对"标准"的认识还有些模糊。〔此题在前测问卷（二）中也出现过，是在学生自学课本后进行的测试，当时该题的正确率为25.8%。〕

第（3）小题属于变式练习题，图形的摆放方式没有直观地反映出它们数量之间的倍数关系，而且在呈现图形时是把标准量放在了下面。学生解答情况见表5-2。

表5-2　后测卷（一）第2题的第（3）小题学生答案统计表

题目	类别	人数	百分比
☆的个数是△的（　）倍	正确	60人	98.4%
	错误	1人	1.6%
○的个数是△的（　）倍	正确	53人	86.9%
	错误	8人	13.1%
○的个数是☆的（　）倍	正确	51人	83.6%
	错误	10人	16.4%

测查结果显示，第一问"☆的个数是△的（　　）倍"的正确率最高；第二问"○的个数是△的（　　）倍"，是把○的个数与△的个数进行比较，虽然仍是以△的个数作为标准，但○与

△这两种图形不是上下相邻,所以第二问的正确率有所下降;第三问"○的个数是☆的( )倍",与前两问相比,比较的标准发生了变化,不再以△的个数为标准量,而是以☆的个数为标准量。

第3题的第(1)小题,呈现了三种图形,且三种图形的个数都相同,但它们涂色图形的个数是不同的。该题的三个问题联系紧密,解决后一个问题需要运用到前一个问题的答案。第一问要求填出涂色圆形的个数,59人填写正确,约占总人数的96.7%,2人填写错误,约占总人数的3.3%。第二问和第三问解决的都是"已知一个数的几倍是多少,求这个数"的问题。第二问解决的问题是"要使●的个数是▲的2倍,求涂色三角形的个数",56人填写正确,约占总人数的91.8%,5人填写错误,约占总人数的8.2%,其中3人填写的答案是"24"个,说明这些学生混淆了比较量和标准量,把该题理解为"要使▲的个数是●的2倍,求涂色三角形的个数";第三问解决的问题是"要使▲的个数是■的3倍,求涂色小正方形的个数",51人填写正确,约占总人数的83.6%,10人填写错误,约占总人数的16.4%。

上述三个问题,考查的都是三个量之间的倍数关系,从测查结果可以看出,有部分学生在解决三个量之间的倍数关系问题时有困难,容易受各种不相干的因素,如图形的呈现方式和排列顺序等因素的影响。

(3)虽然学生理解了倍的含义,但在自己构造倍数关系的问题,并进行表述时,部分学生有困难。

第3题的第(2)小题是"给18个圆形涂上两种不同的颜色,使两种颜色的圆形有倍数关系"。这是一道开放性题目,目的是让学生在动手操作中自己构造出有倍数关系的两个量,实际上就是让学生自己"创造倍"。这一题的正确率约是73.8%,有45人能"给18个圆形涂上两种不同的颜色,使两种颜色的圆形有倍数关系"。学生创造的倍数关系有"1倍""2倍""5倍"和"8倍";这一题有16人出现错误,约占总人数的26.2%。其中12人涂色正确,但在表述"( )的个数是( )的( )倍"时填写错误,说明这部分学生读懂了涂色要求,但没有读懂填写要求。另外4人是从18个圆形中选取了一些圆形涂色,虽然涂色圆形之间有倍数关系,但不符合题目要求。

(4)虽然学生较好地理解了倍的含义,但在运用倍的知识解决稍复杂的问题时,部分学生比较困难。

第4题选自浙教版教材中的习题,该题共三个小题。第(1)小题是根据情境图填写出蓝气球与黄气球、红气球与黄气球个数之间的倍数关系。该小题共两问,第一问的正确率约是98.4%,有60人正确填写出蓝气球与黄气球个数之间的倍数关系;第二问的正确率约是96.7%,有59人正确填写出红气球与黄气球个数之间的倍数关系,说明学生较好地理解了倍的含义。

第(2)小题是增加黄气球的个数,找出红气球与黄气球个数之间的倍数关系,让学生感悟比较量不变,标准量发生变化,倍数也会发生变化。这一题的正确率约是95.1%,有58人正确填写出红气球与黄气球个数之间的倍数关系,这进一步说明学生较好地理解了倍的含义。

第(3)小题是让学生根据图中气球的排列规律和红气球的总个数,计算蓝气球的总个数。学生解答该题情况见表5-3。

表 5-3　后测卷(一)第 4 题的第(3)小题学生答案统计表

蓝气球一共挂了(　　)个	12 个	16 个	8 个	14 个	9 个	24 个	其他
人数	31 人	16 人	4 人	3 人	3 人	2 人	2 人
百分比	50.8%	26.2%	6.6%	4.9%	4.9%	3.3%	3.3%

测查结果显示,49.2%的学生不能正确解答这道题。其中 26.2%的学生认为"蓝气球一共挂了 16 个",这些学生的想法是根据图中"蓝气球有 4 个,红气球有 6 个"这两个信息,可以得出"红气球比蓝气球多 2 个"或"蓝气球比红气球少 2 个"的结论,所以"如果红气球一共挂了 18 个,则蓝气球一共挂了(16)个"(见图 5-1、5-2)。

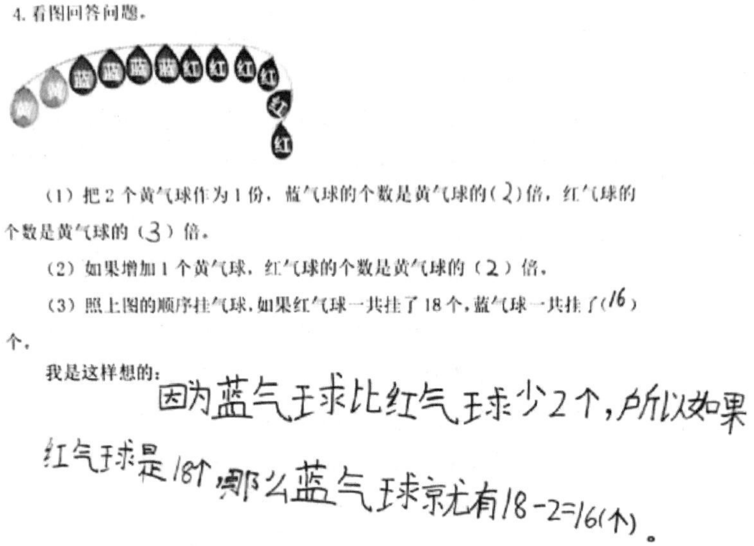

4. 看图回答问题。

(1) 把 2 个黄气球作为 1 份,蓝气球的个数是黄气球的(2)倍,红气球的个数是黄气球的(3)倍。

(2) 如果增加 1 个黄气球,红气球的个数是黄气球的(2)倍。

(3) 照上图的顺序挂气球,如果红气球一共挂了 18 个,蓝气球一共挂了(16)个。

我是这样想的:因为蓝气球比红气球少 2 个,所以如果红气球是 18 个,那么蓝气球就有 18-2=16(个)。

图 5-1　三年级某学生的答案

4. 看图回答问题。

(1) 把 2 个黄气球作为 1 份,蓝气球的个数是黄气球的(2)倍,红气球的个数是黄气球的(3)倍。

(2) 如果增加 1 个黄气球,红气球的个数是黄气球的(2)倍。

(3) 照上图的顺序挂气球,如果红气球一共挂了 18 个,蓝气球一共挂了(16)个。

我是这样想的:因为红气球比蓝气球多 2 个,所以 18-2=16(个),所以蓝气球一共挂了 16 个。

图 5-2　三年级某学生的答案

这说明部分学生只关注了一组气球中不同颜色气球个数之间的差比关系,并以此关系判断几组气球中不同颜色气球总个数之间的差比关系。事实上,几组气球按同样的顺序排列,每组中不同颜色气球之间的差比关系与几组中不同颜色气球总个数之间的差比关系是不同的。但每组中不同颜色气球之间的倍比关系与几组中不同颜色气球总个数之间的倍比关系是相同的,还有,几组气球中每种颜色气球的总个数与一组中该色气球个数之间的倍数关系也是相同的。明白了这一点,学生就会发现18÷6=3,红气球的总个数是每组气球中红气球个数的3倍,进而推算出蓝气球的总个数是4×3=12(个)。6.6%的学生认为"蓝气球一共挂了8个",理由是图中一共有12个气球,如果一共挂18个气球,还需要18-12=6(个)气球,按照图中的顺序挂气球,还要再挂2个黄气球、4个蓝气球,所以蓝气球一共有8个。这部分学生把18个红气球理解为所挂气球的总个数。通过对其余几种学生想法的分析,发现错误原因均是学生不理解题意。

(5)部分学生在解决稍复杂的与倍有关的问题时,比较困难。

第5题与人教版教材中的一道星号题类型相同,只是改变了原题中的素材和数据,这道题的情境较复杂,供学有余力的学生做。测查结果见表5-4。

表5-4 后测卷(一)第5题学生答案统计表

小亮原有的小棒根数	20 根	14 根	18 根	16 根	其他
人数	38 人	10 人	6 人	2 人	5 人
百分比	62.3%	16.4%	9.8%	3.3%	8.2%

这次后测是在学生学完整个单元后进行的,也就是说学生已经解答过类似习题,且教师已经进行过评讲,但错误率约占总人数的37.7%。其中16.4%的学生列式3×4+2=14(根),说明这部分学生没有理解题目中"3倍"的含义。9.8%的学生列式(4+2)×3=18(根),说明这部分学生虽然理解了题目中"3倍"的含义,但把小亮"现有的小棒根数"理解为"原有的小棒根数"。3.3%的学生列式(4+2)×3-2=16(根),说明这部分学生认为"小亮给小红2根小棒"意味着"小亮现有的小棒根数应减去2根小棒",而没有意识到"小亮现有的小棒根数+给小红的2根小棒=小亮原有的小棒根数"。还有8.2%的学生出现空白及其他错误情况。从整个测试结果可以看出,学生在解决较复杂的与倍有关的问题时,比较困难,不能正确理解题意和找出题目中的数量关系。

5.2.2 第二次后测结果分析

第二次后测选用后测卷(二),在学生进入期末复习之前进行,测查结果如下。

(1)部分学生不能在"几个几"与"几倍"之间建立对应和联结。

后测卷(二)中的第1、2题主要是测查学生对"倍"这一概念的认识。不同版本教材的编排大都是由"几个几"引出"几倍"。"几个几"中的第二个"几"表示每份的数量,也就是标准量;"几个几"中的第一个"几"表示份数,有几份就是标准量的几倍。从统计结果来看,85.2%的学生能正确写出"6的3倍"就是求"3个6"是多少,82.0%的学生能正确写出"5个4"可以说成"4的5倍"。学生填写出现的错误答案为"6的3倍"就是求"6个3"是多少,"5

个4"可以说成"5 的 4 倍"。这说明仍有部分学生不能在"几个几"与"几倍"之间建立对应和联结。通过对这部分学生进行访谈,发现他们在填写倍数关系时,受题目中数据呈现的顺序所影响。他们认为,"几个几"与"几的几倍"数据呈现的顺序应是一致的,如"6 的 3 倍"与"6个3","5 个 4"与"5 的 4 倍"。但当呈现"几个几"的具体实物图后,他们能正确地在"几个几"与"几的几倍"之间建立联结。

郜舒竹教授在《儿童数学学习中思维的自然结构及其正误辨别》一文中写道:

"学生的认知过程大致可以概括为三个阶段:第一是感知,就是利用诸如眼睛、耳朵等感觉器官获取信息;第二是对感知到的信息进行加工,这一阶段是在头脑中进行的;第三是作为感知和加工结果的输出,通常表现为书面或口头语言的表达。输出既然是感知和加工的结果,那么其中出现问题一定与感知和加工这两个阶段有关。

"人的阅读顺序通常是'从左向右,从上向下',因此输入到头脑中的信息也是有顺序的。这些信息和相应的顺序就在头脑中形成了一个自然的结构。头脑对信息的加工是一个复杂的过程,其中一个重要内容就是根据需要对这样的结构进行调整。对于低龄儿童来说,头脑加工能力相对较弱,因此感知到的这种自然结构就会对输出产生更大的影响。"

从上述两段文字中,我们可以发现:脱离具体的实物图后,学生出现的如"6 的 3 倍"就是"6 个 3","5 个 4"就是"5 的 4 倍"之类的错误,主要是低龄儿童在数学学习中思维所容易形成的自然结构所致。

(2)在解决三类与倍有关的实际问题中,"已知一个数的几倍是多少,求这个数"这类问题错误率最高。

不同版本的教材在编排解决与倍有关的实际问题时,一般都只编排了"求一个数是另一个数的几倍"和"求一个数的几倍是多少"两种类型的例题,考虑到学生在后续的学习中,经常会遇到"已知一个数的几倍是多少,求这个数"的题目,而且这类问题是学生后续学习"已知一个数的几分之几(百分之几)是多少,求这个数"的知识基础,所以,在进行"倍的认识"单元教学中,补充了"已知一个数的几倍是多少,求这个数"的教学内容。同时,在后测卷中也设计了该类问题。

后测卷(二)中的第 3、4、5 题测查的是"求一个数是另一个数的几倍""求一个数的几倍是多少"和"已知一个数的几倍是多少,求这个数"三类与倍有关的实际问题。测查结果见表 5-5。

表 5-5 后测卷(二)第 3、4、5 题学生答案统计表

题目类型	类别	人数	百分比	备注
求一个数是另一个数的几倍	正确	58 人	95.1%	
	错误	3 人	4.9%	3 人列除法算式
求一个数的几倍是多少	正确	52 人	85.2%	
	错误	9 人	14.8%	6 人列除法算式
已知一个数的几倍是多少,求这个数	正确	50 人	82.0%	
	错误	11 人	18.0%	11 人列乘法算式

测查结果显示,对于上述三类问题,学生在解决"求一个数是另一个数的几倍"的问题时正确率最高,约为 95.1%。该题共 3 人解答错误,其中 1 人是列算式时抄错数,2 人是算式正确,得数错误。学生在解决"求一个数的几倍是多少"的问题时,有 6 人列式 16÷2=8,正确算式是 16×2=32,说明这部分学生容易把"求一个数是另一个数的几倍"和"求一个数的几倍是多少"两类问题混淆,没有真正理解两类问题的数量关系,不能把两类问题与乘法和除法的意义进行联结。"已知一个数的几倍是多少,求这个数"这类问题的正确率最低,约为 82.0%。这里值得注意的是,解答该题错误的学生,他们的错因竟然完全相同,都是用乘法计算,这说明部分学生在理解该类问题的题意时有困难。

(3)在解决问题的过程中,部分学生容易受前一题解题方法的影响。

后测卷(二)中的第 6 题是"求比一个数的几倍多几是多少"的题目,该题的正确率约为 95.1%,与后测卷(二)中的第 1 题"求一个数是另一个数的几倍"的正确率相同。解答这道题,学生需要知道"求一个数的几倍是多少,用乘法计算",也就是说,解答这道题,学生需要有正确解答"求一个数的几倍是多少"的知识基础。可是,学生在解答后测卷(二)中的第 4 题"求一个数的几倍是多少"的正确率却是 85.2%,低于学生解答"求比一个数的几倍多几是多少"的正确率。

为什么会出现这样的情况呢?通过对学生答题情况进行分析,我们发现后测卷(二)中第 4 题的正确率之所以比第 6 题的正确率低,是因为学生在解答第 4 题时,受了第 3 题的影响。第 3 题是"求一个数是另一个数的几倍,用除法计算",在解答第 4 题时,9 人出错,其中 6 人列的是除法算式。在后测卷(二)的第 5 题中也出现了这一现象,11 人出错,全部列的是乘法算式,而第 4 题是"求一个数的几倍是多少,用乘法计算"。在分析后测卷时我们还发现第 4 题解答错误的学生和第 5 题解答错误的学生没有重复的。

(4)学生在解决稍复杂的与倍有关的问题时,先求"一倍数"的问题难于先求"几倍数"的问题。

后测卷(二)中的第 7、8 题,都是两步计算的问题,两道题的情境相同,都是选用"用红黄两种珠子串项链"的故事情境。这两道题是由人教版教材中的一道练习题改编而成的,解答第 7 题,需要先求出几倍数;解答第 8 题,需要先求出一倍数。学生解答这两道题的情况见表 5-6。

表 5-6 后测卷(二)第 7、8 题学生答案统计表

题目	类别	人数	百分比
第 7 题	正确	48 人	78.7%
	错误	13 人	21.3%
第 8 题	正确	40 人	65.6%
	错误	21 人	34.4%

测查结果显示,第 8 题的正确率低于第 7 题,也就是说在解决问题时,先求一倍数问题的错误率高于先求几倍数的问题。在前面分析第 3、4、5 题的测查结果时,我们已经发现学生解答"已知一个数的几倍是多少,求这个数"的正确率低于"求一个数的几倍是多少"的正

确率,而"已知一个数的几倍是多少,求这个数"求的就是一倍数,"求一个数的几倍是多少"求的就是几倍数。

基于学生在解答这两道题时的理解水平不同,我根据答题情况对学生的理解水平做了简单的层次划分。

层次1:无解题思路,即学生的解答是空白。

层次2:不理解题意,算式错误,解答错误。

层次3:不完全理解题意,解答不完整。即学生分步解答,第一步正确,但没有第二步,或第二步列式错误。

层次4:理解题意,算式正确但计算错误。

层次5:理解题意并解答正确。

表5-7　后测卷(二)第7、8题解题水平层次分析

题目	层次	人数	百分比	备注
第7题	层次1	5人	8.20%	
	层次2	4人	6.56%	第一步列除法算式
	层次3	2人	3.28%	
	层次4	2人	3.28%	
	层次5	48人	78.69%	
第8题	层次1	6人	9.84%	
	层次2	11人	18.03%	第一步列乘法算式
	层次3	4人	6.56%	
	层次4	0人	/	
	层次5	40人	65.57%	

从表中可以明显看出,学生在解答第8题时,层次1、层次2、层次3的人数都高于第7题相应层次的人数。约占18.03%的学生在解答第8题时,只关注了"黄珠子的数量是红珠子的6倍"这一信息,而没有关注"黄珠子的数量不变"这一前提条件,没有发现"一倍数"并不是"小丽原有的6颗红珠子",这也说明有部分学生喜欢"见倍就乘"。

5.3　后测结果分析对教学的启示

(1)借助多种活动,在"几个几""几份"与"几倍"之间建立对应和联结。

后测卷(二)第1、2题的测查结果显示,部分学生容易受思维形成的"自然结构"影响,在脱离具体的实物图后,认为"6的3倍"就是"6个3","5个4"就是"5的4倍"。针对这一情况,教学中,教师可以设计操作活动,通过摆一摆、圈一圈等活动,让学生结合直观图明确"几个几"中的两个"几"分别表示什么,从而把"几个几""几份"与"几倍"建立对应和联结。如先让学生第一行摆3朵红花,第二行摆2个3朵红花,呈现直观图:

第一行：🌸🌸🌸　　3朵

第二行：🌸🌸🌸 🌸🌸🌸 2个3朵

第二行红花的朵数有2个3朵，第二行红花的朵数是第一行的2倍。

再引导学生发现："2个3"中的"3"表示的是一份的数量，即一份数；"2"表示有这样的2份，即"份数"，"份数"表示的就是"几倍"。

还可以引导学生进行"几个几"与"几有几个"的表述转换，比如"2个3就是3有2个"这样的表述练习，这样的表达顺序与阅读顺序一致，可以使学生输入到头脑中的信息结构（2有3个）与输出的信息结构（2的3倍）一致。

（2）设计根据倍的含义判断三个量之间倍数关系的练习题。

后测卷（一）的测查结果分析显示，部分学生不能根据倍的含义，准确找出三个量之间的倍数关系。基于此种情况，教学中可以设计判断三个量之间倍数关系的练习题。习题的形式，可以是呈现三种实物图，学生填写它们之间的倍数关系；也可以是呈现三种图形，学生根据三个量之间的倍数关系进行涂色等活动。如后测卷（一）中第2题的第（2）、（3）小题和第3题的第（1）小题。在解答练习题的过程中，学生会逐渐意识到先找出标准量的重要性。

（3）设计连续变化的情境，在变化中进一步认识"倍"。

在学习"倍的认识"时，为了帮助学生理解倍的本质，教师会设计体悟变化的活动，比如，让学生体悟"标准量不变，比较量变化，倍数变化""比较量不变，标准量变化，倍数变化""标准量和比较量都发生变化，倍数不变"三种变化活动，这些变化活动都借助具体的直观图进行。后测卷（一）的第4题和后测卷（二）的第7、8题的测查结果分析显示，如果脱离了直观模型，在解决有变化活动的"与倍有关的实际问题"时，部分学生感觉困难。所以，在"倍的认识"单元练习中，可以以"解决问题"的形式设计上述三种变化活动的两步计算问题，引导学生借助画图表征等方式进行分析解答，从而进一步认识"倍"。

（4）设计题组，把解决"与倍有关的实际问题"与乘法和除法的意义建立联系，在对比中加深理解。

后测卷（二）的测查结果显示，学生在解决"求一个数是另一个数的几倍""求一个数的几倍是多少""已知一个数的几倍是多少，求这个数"三类问题时，正确率呈下降趋势，即"求一个数是另一个数的几倍"正确率最高，"已知一个数的几倍是多少，求这个数"正确率最低。

比较是重要的数学思维，也是重要的数学学习方式。乌申斯基说："比较是一切理解和一切思维的基础。"为了更好地帮助学生提高解决问题的能力，教学中，可以把这三类问题以题组的形式呈现，加强对比分析，引导学生通过画图表征建立模型。同时，还要把三类问题与乘法和除法的意义建立联系，从乘法和除法意义的角度去分析、解决问题。比如，"求一个数是另一个数的几倍"就是"求一个数里面有几个另一个数"，用"多倍数÷一倍数＝几倍"；"求一个数的几倍是多少"就是"求几个几是多少"，用"一倍数×几倍＝多倍数"；"已知一个数的几倍是多少，求这个数"就是"把一个数平均分成了几份，求每份是多少"，用"多倍数÷几倍＝一倍数"。

教学中，还可以与求"几份""一份数""几份数"进行对应联结，加强对比区分，防止学生混淆。题组练习后，可以让学生谈一谈解决三类问题时需要注意的事项及感受，这也有助于学生养成认真读题的好习惯。

6　单元整体设计研究

本单元所说的单元整体设计主要是针对当前小学数学教学中存在的浅表化、碎片化学习等问题而提出来的,是指为了实现深度学习、结构化学习、培养学生的核心素养而进行的单元整体教学设计。

王永春老师在《小学数学单元整体设计的理论建构》一文中指出:"小学数学单元整体设计与教学的理论基础是数学学科具有知识结构、学生头脑具有数学认知结构,其内涵是把数学学科的知识结构转化为学生头脑里的数学认知结构。""数学知识结构是数学的概念、命题的关联所形成的模型和网状知识结构。""数学学科的知识结构是一个完整的、纵向和横向连接的网络结构,就像一座数学的高楼大厦,是古今中外广大数学工作者集体智慧的结晶。但是无论教科书还是教学都不能直接把这个完整的数学知识结构呈现给学生,而是通过一册一册的教科书呈现给学生,每册教科书以单元为基本单位,每个单元需要若干个课时,再一课时一课时地教学。数学教科书根据学生的认知水平和规律,把这座数学的高楼大厦拆散、碎片化,进行螺旋上升的编排。学生从小学一年级到高中三年级,在12年的时间里,一课时一课时地学习,就像一砖一瓦地把自己的数学大厦盖起来,形成学生自己的数学认知结构。学生个体的数学认知结构是一个复杂的空间和逻辑系统,是特殊的、个性化的,主要包括个体的数学知识结构、数学思想方法、元认知、非智力因素等。教师的任务就是对教科书的每个单元进行整体设计,然后再分课时设计与教学,启发和指导每个学生如何添好自己的一砖一瓦,把自己头脑里的这座数学大厦盖得结构完整、结实美观,经久耐用。"

进行单元整体设计,需要改变固有的备课方式,变"单课时""一课一备"为"单元课时""整体备课"。备课时,要考虑知识之间的关联性和结构化。单元整体设计的备课过程可以是先研读分析整个单元教材,明确教材编排意图,再对多个版本教材进行比较,借鉴学习,然后进行学情分析,基于教材和学情的分析制定单元教学目标,并对学习内容进行整合重组,划分课时,最后按照划分的课时进行每一课时的教学设计。

2022年的人教版教材在三年级上册安排的"倍的认识"教学单元,主要由两部分内容组成:一是建立倍的概念(倍的认识);二是解决与倍有关的实际问题(倍的应用)。具体内容的编排结构见图6-1。

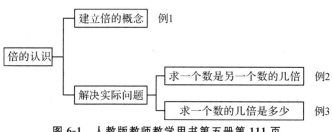

图 6-1　人教版教师教学用书第五册第 111 页

对于"倍的认识"单元,如何进行单元整体设计?

6.1　基于深度学习的单元整体设计

《深度学习:走向核心素养(学科教学指南·小学数学)》一书指出:"小学数学深度学习是在教师引领下,学生围绕着具有挑战性的学习主题,全身心积极参与、体验成功、获得发展的有意义的数学学习过程。""小学数学深度学习教学设计是以数学核心素养内容为线索,选择具有挑战性的学习主题,在对学习内容进行整体分析的基础上,确定单元学习目标,进行单元教学设计。""深度学习教学设计有四个基本要素,分别为单元学习主题的选择、单元学习目标的确定、单元学习活动的设计和持续性评价的开展。"以下是我在深度学习的理论指导下进行的人教版教材"倍的认识"单元整体设计探索。

(一)单元学习主题

1.主题名称

倍的认识。

2.主题解读

从课标角度看,本单元属于"数与代数"部分。"倍"的学习离不开两个层面,一是倍的本质,二是具体情境。倍表示的是两个量之间的比率关系,倍的本质是两个量在相互比较,一个量里包含了几个另一个量就是它的几倍。如,红萝卜与胡萝卜比较,胡萝卜有 2 根,红萝卜有 3 个 2 根,红萝卜的根数就是胡萝卜的 3 倍。"倍"的概念涉及两个量之间的比较,十分抽象,不易理解,因此,把"倍"放在具体的情境中,可以让抽象的概念直观化。教学中要结合具体情境,让学生通过多次感知,在不断比较和抽象的过程中建立倍的概念。本单元涉及的核心素养可以聚焦到"几何直观"和"模型思想"。几何直观主要是指利用图形描述和分析问题。模型思想的建立是学生体会和理解数学与外部世界联系的基本途径。本单元无论是在建立"倍"的概念中,还是在运用"倍"解决实际问题中,都需要借助图描述和分析两个量之间的数量关系,构建倍的模型。

从数学教学内容看,倍产生于量与量之间的比较。比较两个数量大小的时候,有两种基本的方法。一种是比较它们的差(相差问题),另一种是比较它们的比率关系(倍比问题)。例如,在"胡萝卜有 2 根,白萝卜有 10 根"这个情境中,一方面可以将其中的一个量确定为标准量,通过判断另一个量(也就是比较量)比标准量多几和少几,来比较两者的相差关系。用白萝卜的根数做标准量,"胡萝卜比白萝卜少 8 根";用胡萝卜的根数作为标准量,"白萝卜比胡萝卜多 8 根"。另一方面,可以先将其中的一个量确定为标准量,通过判断另一个量(也就是比较量)里面有多少个标准量,来比较两者的比率关系。用胡萝卜的根数 2 根作为标准量,白萝卜里有 5 个 2 根(比率是 5),白萝卜的根数是胡萝卜的 5 倍;用白萝卜的根数做标准量,胡萝卜的根数是白萝卜的 1/5 倍或 0.2 倍(比率是 1/5)。三年级因为还没有学习小数,所以本单元所说的倍指的都是整数倍,以后学习小数倍、分数(表示率)、百分数、比的内容,都可以看成是对"整数倍"的扩展。

从学生的认知来看,小学生的认知结构主要有加法结构和乘法结构,在学习倍之前,学生头脑中建构的是"加法结构",是数量的合并与多少的比较;学习倍,学生头脑中建构的是"乘法结构",是两个量之间的比率关系。认知结构进行转变,对学生来说困难较大。

(二)单元学习目标

1.目标确定

(1)单元内容整体分析。

首先,纵向梳理教材。"倍的认识"单元是在二年级学习了乘法和除法的初步认识基础上学习的。在学习倍之前,学生已经学习了乘法的初步认识,知道求"几个几",可以用乘法计算;学生还学习了除法的初步认识,知道"求一个数里面有几个另一个数,用除法计算"。已经学习的这些内容对学生认识"倍"起着很关键的作用,它们使学生在学习"倍"之前,具备了一定的认知基础和知识基础。

"倍的认识"单元是学生后续学习分数、百分数、比这些概念的基础。因为倍、分数(表示率)、百分数、比等概念的本质都是"比率",而倍是这几个概念中学生最早学习的一个概念,是学生第一次学习两个数量之间的"比率关系"。

其次,进行横向梳理。通过对人教版、北师大版、浙教版和苏教版这四个版本的教材进行对比梳理,发现四个版本教材编排的"倍"的教学内容,均由两部分内容组成:一是建立倍的概念(倍的认识),二是解决与倍有关的实际问题(倍的应用)。教材中编排的与倍有关的实际问题有两种,分别是"求一个数是另一个数的几倍"和"求一个数的几倍是多少"。人教版教材把"倍的认识"与"倍的应用"编排在一起,单独为一单元;北师大版和苏教版教材虽然没有把"倍的认识"与"倍的应用"单独编排为一单元,但也是把这两个内容编排在了一起;浙教版教材把"倍的认识"与"倍的应用"单独编排为两个单元。

四个版本的教材编排都注重借助几何直观帮助学生理解倍的意义,分析数量关系。人教版教材呈现了实物图、形象的示意图和线段图;北师大版教材呈现了实物图、符号图和直条图(可以看作是线段图的"雏形");浙教版教材呈现了实物图和直条图;苏教版教材呈现了实物图和直条图(练习题)。

(2)单元内容学情分析。

为了深入了解学生对"倍"的认识,我分别在学生学习"倍"之前和学习"倍"之后对学生进行了测查。(测查试题与数据详见本书第三、第五章节的内容)

测查结果显示:

①学生在学习"倍"时容易受已有知识经验"比多少"的影响。在自学教材后,仍有一部分学生认为"一个量比另一个量多几,就是另一个量的几倍""一个量比另一个量多几倍,就是另一个量的几倍""当两个量的数量相等时,这两个量之间是'0倍'关系,即没有倍数关系"。

②部分学生不能根据倍的含义,准确找出三个量之间的倍数关系。

③部分学生在连续变化的情境中,找出数量之间的倍数关系有难度。

④学生在解决"求一个数是另一个数的几倍""求一个数的几倍是多少""已知一个数的几倍是多少,求这个数"三类问题时,正确率呈下降趋势,即"求一个数是另一个数的几倍"正确率最高,"已知一个数的几倍是多少,求这个数"正确率最低。

2.学习目标

(1)在"圈一圈""摆一摆""画一画"等操作活动中,获得"倍"概念的直观体验,结合具体情境理解"几倍"与"几个几""几份"的联系,建立倍的概念。

(2)能解决"求一个数是另一个数的几倍""求一个数的几倍是多少""已知一个数的几倍是多少,求这个数"的实际问题,在解决问题的过程中培养几何直观能力,渗透模型思想。

(3)经历从具体表征到抽象概括的过程,体会用线段图表示数量关系的简洁美,培养学生的抽象能力、画图表征能力。

(4)培养学生独立思考问题、分析问题和语言表达等能力,感受数学与生活有密切联系,增强学习数学的兴趣和信心。

(三)单元整体教学思路

1.单元学习规划思路

根据对教材的分析和学生情况的分析,我对本单元的学习内容做以下调整。

(1)把例1和例2两个课时整合为1个课时。

这样调整,可以从除法的角度帮助学生理解"倍",加深学生对倍的本质的理解。倍的本质是两个量在相互比较,即一个量里包含了几个另一个量就是它的几倍。"求一个数是另一个数的几倍"实际上就是"求一个数里面有几个另一个数",所以用除法计算。这样的整合也遵循一些教材的编排意图。北师大版教材从图形直观和除法算式两个角度让学生理解倍的含义,在认识"倍"的教学中呈现了除法算式。人教版教材和苏教版教材在学生认识"倍"后,都是先呈现"求一个数是另一个数的几倍"的问题,其中,苏教版教材把"倍的认识"和"求一个数是另一个数的几倍"问题编排在一个课时,三个版本的教材都是先利用"几个几"引出倍的含义后,再从除法角度加深对倍的概念的理解。

(2)增设学画线段图的练习课。

倍是一个比较抽象的概念,教材编排十分注重借助图形分析数量关系,按照"例1呈现实物图→例2呈现形象图→例3呈现线段图"的顺序,有目的、有计划地教给学生利用图形描述和分析数学问题的方法。我们知道,借助图形进行数学思考时,首先需要把研究"对象"抽象成为"图形",再把"对象之间的关系"转化成为"图形之间的关系"。完成这样的转化,学生需要掌握画图的方法。这是学生第一次接触线段图,教师需要对画图方法进行指导,所以,在学习例1和例2之后,增设一节画线段图的练习课很有必要。

(3)补充"已知一个数的几倍是多少,求这个数"的问题。

不同版本的教材在编排解决与倍有关的实际问题时,一般都只编排了"求一个数是另一个数的几倍"和"求一个数的几倍是多少"两种类型的例题,考虑到学生在后续的学习中,经常会遇到"已知一个数的几倍是多少,求这个数"的题目,而且这类问题是学生后续学习"已知一个数的几分之几(百分之几)是多少,求这个数"的知识基础,所以,在本单元教学中,补充了"已知一个数的几倍是多少,求这个数"的教学内容,并把这一内容与"求一个数的几倍是多少"的问题整合为一个课时。

整合后的单元课时仍为 4 课时,课时具体划分见表 6-1。

表 6-1　单元内容重构前后对照情况

	人教版教材中的内容安排(4 课时)	调整后的单元内容安排(4 课时)
第一课时	倍的认识	倍的认识 求一个数是另一个数的几倍
第二课时	求一个数是另一个数的几倍	练习课(学画线段图)
第三课时	求一个数的几倍是多少	求一个数的几倍是多少 已知一个数的几倍是多少,求这个数
第四课时	练习课	练习课

2.单元学习规划

【第一课时】

教学内容:倍的认识和解决"求一个数是另一个数的几倍"的实际问题。

教学目标:

1.在"圈一圈""摆一摆""画一画"等操作活动中,获得对"倍"的概念的直观体验,结合具体情境理解"几倍"与"几个几""几份"的联系,建立倍的概念。

2.能解决"求一个数是另一个数的几倍"的实际问题,在解决问题的过程中,渗透模型思想。

3.体会数学与生活的联系,增强学习数学的兴趣和信心。

教学过程:

环节一:谈话引入

板书课题:倍的认识。

师:你听说过倍吗? 关于倍,你都知道了什么?

环节二:自学课本

1.学生看书自学课本。

2.提出问题:通过自学课本,你知道了什么? 你还有什么问题?

3.学生前后四人一组交流。

环节三:分享交流

1.学生分享知道了什么。

生:我知道了红萝卜的根数是胡萝卜的 3 倍,白萝卜的根数是胡萝卜的 5 倍。

请学生讲出为什么红萝卜的根数是胡萝卜的 3 倍,白萝卜的根数是胡萝卜的 5 倍。

2.巩固应用。

师出示:黄色圆片 3 个,红色圆片 6 个,红色圆片是黄色圆片的(　　　)倍。

请学生圈一圈,填一填、讲一讲。

交流得出:以黄色圆片的个数为标准,看作一份,红色圆片有这样的 2 份,也就是有两个标准,所以红色圆片的个数是黄色圆片的 2 倍。

3.学生分享还有什么问题。

生 1:是不是一个数量比另一个数量多的时候才有倍?

生 2:如果遇到相同数量还有没有倍?

生 3:如果有 3 只白兔和 2 只黑兔,白兔和黑兔之间有没有倍?

4.解决学生提出的问题。

(1)认识"1 倍"。

师贴圆片:黄色圆片贴 3 个,红色圆片贴 3 个。

师:你觉得它们之间有没有倍的关系?

生 1:没有倍。

生 2:3 个黄色圆片是标准,是 1 份,三个红色圆片也是 1 份,所以我觉得它们是 1 倍的关系。

生 3:(手指黑板上的圆片图)红色圆片有 2 份,是黄色圆片的 2 倍,那红色圆片有 3 份的话,就是黄色圆片的 3 倍,4 份就是 4 倍,1 份就应该是 1 倍,有几份就是几倍,有几个标准就是几倍。

生 4:可是它们俩相同,谁是谁的 1 倍啊?

生 5:红色圆片的个数是黄色圆片个数的 1 倍。

师:像这样的情况,我们既可以说,红色圆片的个数是黄色圆片的 1 倍,也可以说黄色圆片的个数是红色圆片的 1 倍。红色圆片和黄色圆片,都可以作为比较的标准。

(2)认识"几倍多几""几倍少几"。

师贴圆片:黄色圆片贴 2 个,红色圆片贴 3 个。

师:你觉得它们之间有没有倍的关系?

生 1:我觉得没有倍数关系,因为红色圆片比黄色圆片的 1 倍还要多。

生 2:我觉得红色圆片是黄色圆片的 1.5 倍。

生 3:红色圆片比黄色圆片的 1 倍多 1 个。

生 4:红色圆片比黄色圆片的 2 倍少 1 个。

师:像这样的情况,红色圆片和黄色圆片之间就没有了整数倍的关系,我们可以说红色圆片比黄色圆片的几倍多几或几倍少几,也可以用小数或者分数表示它们之间的倍数关系,这是我们以后要学习的内容。

5.沟通"多与少"与"倍"。

说一说:黄色圆片和红色圆片之间的关系。(黑板上的贴图:黄色圆片 3 个,红色圆片 6 个)

生 1:红色圆片是黄色圆片的 2 倍。

生 2:红色圆片比黄色圆片多 3 个。

师:以前我们学习比多少,看的是红色圆片比黄色圆片多的部分,得到的结果是红色圆片比黄色圆片多 3 个。今天学习倍,不能只看多的部分了,而是看红色圆片里面有几个黄色圆片的个数,得到的结果是红色圆片的个数是黄色圆片的 2 倍。

环节四:画图交流

1.出示活动任务:

画一画:△的个数是〇的(　　　)倍。

要求:先想一个倍数关系,再画一画。

2.学生独立在练习本上画。

3.展示交流。

呈现学生作品,其他学生判断画得对不对,并说出画的是几倍关系。

作品1:〇〇〇〇
　　　△△△△△△△△

学生判断这幅作品画得正确,表示的是"△的个数是〇的 2 倍"。

作品2:△△
　　　〇〇〇〇〇〇

学生判断这幅作品是错误的,表示的是"〇的个数是△的 3 倍",不符合要求"△的个数是〇的(　　　)倍"。

师:这幅作品提醒我们要注意什么?

生1:提醒我们不要把标准弄错了。

生2:提醒我们要先画标准。

生3:画图前要先确定好标准。

作品3:〇〇〇
　　　△△△△△△△△△△△△

学生判断这幅作品画得正确,表示的是"△的个数是〇的 4 倍。"

作品4:〇〇〇〇
　　　△△△△△△△△△△△△

学生判断这幅作品画得正确,表示的是"△的个数是〇的 3 倍。"

师:观察这两幅图(作品3和作品4),画的三角形都是 12 个,怎么一个是圆的 4 倍,一个是圆的 3 倍?

生1:因为这两幅图中的圆的个数不一样。

生2:因为它们的标准不一样,一个是把 3 个圆作为标准,一个是把 4 个圆作为标准。

师:虽然三角形的个数相同,但圆的个数不同,也就是标准量不同,所以它们之间的倍数关系也不同。

环节五:解决"求一个数是另一个数的几倍"的问题

1.出示例2。

教室里扫地的有 4 人,擦桌椅的有 12 人。擦桌椅的人数是扫地的几倍?

师:从题中你知道了哪些数学信息? 要解决什么问题?

2.学生独立解答。

3.汇报交流。

(1)方法一:画图解答(展示学生作品)。

(2)方法二:列式解答为 $12 \div 4 = 3$。

师:为什么用 12 除以 3?

交流得出:求擦桌椅的人数是扫地的几倍,就是求 12 里面有几个 4,所以用除法计算。

强调:"倍"表示的是擦桌椅人数与扫地人数之间的一种关系,不是单位名称,所以,3 后面不能带"倍"。

4.回顾反思。

师:这样解答正确吗?

生:扫地的有 4 人,4 的 3 倍是 12,正好是擦桌椅的人数 12 人,所以解答正确。

环节六:交流收获

师:通过这节课的学习,你有哪些收获? 你还有什么问题?

【第二课时】

教学内容:倍的认识练习课

教学目标:

1.通过圈一圈、画一画、议一议、讲一讲等活动,进一步帮助学生建立倍的模型。

2.经历从具体表征到抽象概括的过程,体会用线段图表示数量关系的简洁美,培养学生的抽象能力、画图表征能力。

教学过程:

活动一:圈一圈,明确倍数关系

1.呈现信息(见图 6-2)。

图 6-2

2.提出问题:你能用圈一圈的方法,让大家一眼就看出苹果的个数是梨的几倍吗?

3.学生圈图。

4.全班交流:因为是以梨的个数为标准,所以先把 3 个梨圈起来,看作 1 份,然后把苹果 3 个 3 个地圈起来,苹果有这样的 3 份,苹果的个数是梨的 3 倍(见图 6-3)。

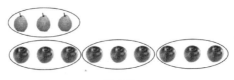

图 6-3

活动二:画一画,表征倍数关系

1. 提出问题:如果画图表示"黄花的朵数是红花的 4 倍",你会怎样画?试一试。

2. 学生独立画图。

3. 全班交流。

(1)第一次交流。

①展示学生作品。

画法 1(见图 6-4):

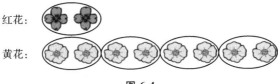

图 6-4

画法 2(见图 6-5):

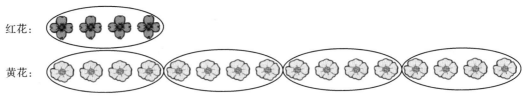

图 6-5

②思考:你认为哪一种画法是正确的?说说自己的想法。

小结:每幅图都是以红花的朵数为标准,看作 1 份,黄花的朵数都有这样的 4 份(4 个标准量),所以,这两种画法都是正确的,表示的都是黄花的朵数是红花的 4 倍。

(2)第二次交流。

①展示学生作品。

画法 3(见图 6-6):

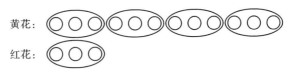

图 6-6

②思考：这种画法正确吗？为什么？

小结：这种画法也是正确的。画图时，可以用图形表示具体的物品，标准量可以在上面，也可以在下面。

活动三：议一议，抽象倍的模型

1.提出问题：如果不画出黄花和红花的具体朵数，你会画图表示"黄花的朵数是红花的 4 倍"吗？

2.学生先独立思考，然后小组讨论。

3.全班交流。

画法 1(见图 6-7)：

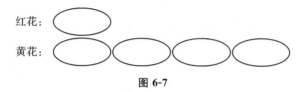

图 6-7

画法 2(见图 6-8)：

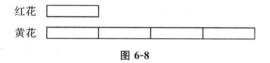

图 6-8

画法 3(见图 6-9)：

红花 ⊢————⊣
黄花 ⊢——————————————⊣

图 6-9

小结：可以用一个图形或一条线段来表示数量，画线段图表示两个量之间的倍数关系比较简洁明了。

想一想：怎样画这幅线段图(画法 3)？

交流总结画法：先画一条线段表示红花的朵数，再连续画出 4 段大约与第一条线段同长的线段来表示黄花的朵数，也就是表示黄花朵数的这条线段的长度是 4 个红花朵数线段的长度。

追问：为什么表示黄花朵数的这条线段的长度是 4 个红花朵数线段的长度？

活动四：讲一讲，丰富倍的模型

1.提出问题：这幅图只能表示"黄花的朵数是红花的 4 倍"吗？你能根据这幅图(图 6-10)讲一个倍的故事吗？

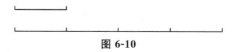

图 6-10

2．学生独立思考后，在小组内讲一讲。

3．全班交流。

4．思考：这样的故事能讲完吗？为什么？

得出：图中的第一条线段可以表示不同的数，表示两个量之间4倍关系的故事讲不完。

活动五：画线段图，表示数量关系

1．提出问题：画线段图表示"擦桌椅的人数是扫地人数的3倍"。

2．学生独立画图，教师巡回指导。

3．展示作品，交流画法。

先画一条线段表示扫地的人数，再连续画出3段大约与第一条线段同长的线段来表示擦桌椅的人数，也就是表示擦桌椅人数的这条线段的长度是3个扫地人数线段的长度（见图6-11）。

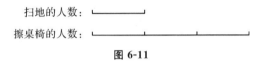

图 6-11

想一想：如果扫地的有4人，怎样在图中表示出来？擦桌椅的有12人，怎样在图中表示出来（见图6-12）？

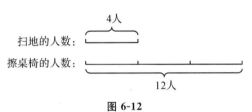

图 6-12

想一想：如果不知道擦桌椅的人数，要解决的问题是擦桌椅的有多少人，怎样在图中表示出来（见图6-13）？

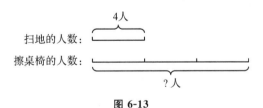

图 6-13

小结：画线段图时，不仅要清楚地表示出两个量之间的倍数关系，还要标注出其他已知的数学信息和要解决的问题，画线段图可以帮助我们解决与倍有关的实际问题。

【第三课时】

教学内容：解决"求一个数的几倍是多少"和"已知一个数的几倍是多少，求这个数"的实际问题。

教学目标：

1.结合具体情境,理解"求一个数的几倍是多少""已知一个数的几倍是多少,求这个数"两类问题的数量关系,能解决"求一个数的几倍是多少""已知一个数的几倍是多少,求这个数"的实际问题。

2.在解决问题的过程中,培养几何直观能力,渗透模型思想。

3.培养学生独立思考问题、分析问题和语言表达的能力,感受数学与生活有密切联系。

教学过程：

活动一:复习旧知

1.出示问题:跳棋的价钱是8元,象棋的价钱是32元,象棋的价钱是跳棋的几倍?

2.学生列式解答并说出理由。

3.小结:求象棋的价钱是跳棋的几倍,就是求32里面有几个8,所以用除法计算。

活动二:探究新知

1.提出问题:你能把题中的已知条件变为问题,把问题变为已知条件,对这道题进行改编吗?

2.学生改编题目:

(1)跳棋的价钱是8元,象棋的价钱是跳棋的4倍。象棋的价钱是多少元?

(2)象棋的价钱是32元,象棋的价钱是跳棋的4倍。跳棋的价钱是多少元?

3.学生独立画图,并列式解答。

4.反馈交流。

(1)展示学生的作品。

①展示第一题的线段图。

师:你同意他画的线段图吗? 为什么?

(先展示正确的线段图,交流分析后,再呈现不正确的线段图,说一说,哪里需要修改。此环节重点关注学生画的线段图是否清晰地表达出题目中的已知条件和所求问题。)

②展示第一题的算式。

师:这道题为什么用乘法计算?(明确求"象棋的价钱"就是求"4个8是多少",所以用乘法计算。)

③展示第二题的线段图。

师:你同意他画的线段图吗? 为什么?

(重点关注线段图是否清晰地表达出题目中的已知条件和所求问题)

④展示第二题的算式。

师:这道题为什么用除法计算?(明确求"跳棋的价钱"就是"把32元平均分成4份,求其中的一份是多少",所以用除法计算。)

(2)对比分析。

师:观察这两道题的线段图(见图 6-14、6-15),你发现了什么?

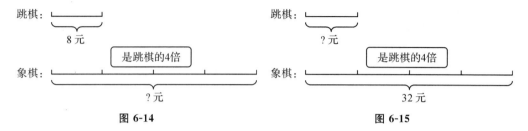

图 6-14   图 6-15

交流得出:这两道题的线段图都是把跳棋的价钱看作标准,跳棋的价钱是 1 段,象棋的价钱都有这样的 4 段,表示象棋的价钱是跳棋的 4 倍。这两道题的问题不同,所以解答方法也不同。

师:请大家观察这三道题的解答方法,你发现了什么?

①跳棋的价钱是 8 元,象棋的价钱是 32 元,象棋的价钱是跳棋的几倍?

$32 \div 8 = 4$

②跳棋的价钱是 8 元,象棋的价钱是跳棋的 4 倍。象棋的价钱是多少元?

$8 \times 4 = 32$(元)

③象棋的价钱是 32 元,象棋的价钱是跳棋的 4 倍。跳棋的价钱是多少元?

$32 \div 4 = 8$(元)

交流得出:这三道题解决的都是和"倍"有关的问题。第一道题是"求一个数是另一个数的几倍",用除法计算;第二道题是"求一个数的几倍是多少",用乘法计算;第三道题是"已知一个数的几倍是多少,求这个数",用除法计算。明确三道题中的"跳棋价钱"是"一倍数","象棋价钱"是多倍数。

引导学生发现与"倍"有关的这三类问题和乘法除法之间的关系:

求一个数是另一个数的几倍,就是求一个数里面有几个另一个数,要用"多倍数÷一倍数=几倍"。

求一个数的几倍是多少,就是求几个几是多少,用"一倍数×几倍=多倍数"。

已知一个数的几倍是多少,求这个数,就是把一个数平均分成几份,求每份是多少,用"多倍数÷几倍=一倍数"。

活动三:巩固应用

处理课本练习十一第 8 题。

同学们一起踢毽子。小红踢了 18 个,小亮踢了 3 个。

(1)小红踢的个数是小亮的几倍?

(2)小明踢的个数是小亮的 2 倍。小明踢了几个?

(3)你还能提出其他数学问题并解答吗?

活动四:交流收获

师:通过这节课的学习,你有哪些收获? 你还有什么问题?

【第四课时】练习课

教学内容:"倍的认识"和"倍的应用"练习课

教学目标:

1.能解决与倍有关的实际问题,在解决实际问题的过程中,发展学生的观察、比较、分析、概括和推理能力。

2.感受数学与生活的密切联系,增强学习数学的兴趣和信心。

教学过程:

(一)基本练习

1.看图回答问题。

图 6-16 浙教版第三册第 71 页习题

(1)把 2 个黄气球作为 1 份,蓝气球的个数是黄气球的( )倍,红气球的个数是黄气球的( )倍。

(2)如果增加 1 个黄气球,红气球的个数是黄气球的( )倍。

(3)照上图的顺序挂气球,如果红气球一共挂了 18 个,蓝气球一共挂了( )个。

重点交流第(3)小题的解答方法。

2.解决"几倍多几(少几)"问题。

(1)小红折了 6 朵纸花,小平折的纸花比小红的 2 倍多 3 朵,小平折了多少朵纸花?

(2)小红折了 6 朵纸花,小丽折的纸花比小红的 2 倍少 3 朵,小丽折了多少朵纸花?

学生独立解答,交流评析。

(二)发展练习

1.处理课本练习十一第 9 题。

> 小丽今年 6 岁,爸爸的年龄是她的 6 倍。
>
> (1)爸爸今年多少岁?
> (2)去年爸爸的年龄是小丽的几倍?

(1)独立解答。

(2)猜一猜:前年爸爸的年龄是小丽的几倍? 明年爸爸的年龄是小丽的几倍?

(3)验一验:你的猜想正确吗?

(4)说一说:你发现了什么?

发现:年份不同,爸爸和小丽的年龄差不变,爸爸和小丽年龄之间的倍数关系会变。随着小丽年龄的增长,爸爸和小丽年龄之间的倍数关系会变小。

2.解决问题。

(1)小丽有6颗红珠子,48颗黄珠子,小丽想用这些珠子做一串项链。红珠子的数量不变,要使黄珠子的数量是红珠子的9倍,需要增加几颗黄珠子?

(2)小丽有6颗红珠子,48颗黄珠子,小丽想用这些珠子做一串项链。黄珠子的数量不变,要使黄珠子的数量是红珠子的6倍,需要增加几颗红珠子?

学生独立解答后,进行对比辨析。

交流得出:两道题中都有不变的量。第1小题先求多倍数,再求增加的黄珠子数量;第2小题先求一倍数,再求增加的红珠子数量。

(三)拓展练习

处理教材练习十一第12题。

图 6-17 人教版第五册第55页习题

(1)学生独立解答。

(2)汇报交流。

引导学生借助操作活动理解题意并解答:小熊抱的玉米用红色圆片(●)表示,熊妈妈抱的玉米用白色圆片(○)表示。

(1)先摆出5个红色圆片,表示小熊抱的5根玉米。

(2)在5个红色圆片的后面摆3个白色圆片,表示熊妈妈给小熊的3根玉米。

(3)想一想:小熊现在有多少根玉米?(8根)

(4)现在熊妈妈的玉米根数是小熊的2倍,根据这个倍数关系摆出现在熊妈妈拥有的玉米(见图6-18)。

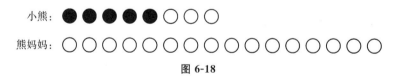

图 6-18

(5)想一想:现在熊妈妈有多少根玉米?熊妈妈原来有多少根玉米?

(6)学生尝试列式解答。

5+3=8(根)

8×2=16(根)

16+3=19(根)

答:熊妈妈原来有19根玉米。

(7)进行检验。

19－3＝16(根)

5＋3＝8(根)

16÷8＝2

现在熊妈妈的玉米根数是小熊的2倍,解答正确。

6.2　基于概念的确立为主题的单元整体设计

上述单元整体设计是以教材编排的一个单元为基础,对学习资源进行重新组合和补充进行的单元整体设计。教学中,也可以根据需要打破教材单元的限制,确定单元学习主题,跨越单元、跨越年级,进行单元整体设计。

孙佳威和刘翀两位老师认为"份"是小学数学的核心概念之一。乘除知识、倍的知识、分数知识、比和比例知识等,都是以份的概念为支撑的。所以,她们把不同年级的教学内容"份""倍""分数"安排在一起进行教学,作为一个独立的主体单元。主体单元的教学重点是建立"份"的概念,并以"份"的概念为核心,建立"倍""分数"的概念,勾连"份""倍""分数"之间的关系,形成以"份、倍、分数"概念的确立为主题的单元整体设计。下面是具体教学思路。

教学时通过七个活动,构架出以"份"为核心的三节课,教学流程见图6-19。

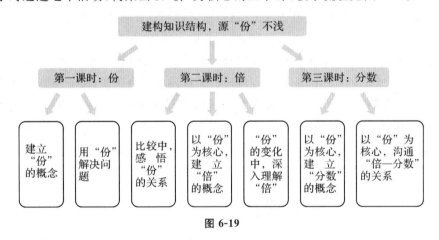

图6-19

教学中以"图画"为工具,帮助学生形象地理解"份""倍""分数"的联系;以"份"的概念为核心,在不断解决新问题的过程中,感受"份"的核心地位;在勾连知识的过程中,帮助学生建构系统化、结构化的知识体系。

活动一:建立"份"的概念

首先,创设贴近学生生活的游乐场情境(呈现游乐园主题图),通过这样几个问题,引领学生进行研究:每架小飞机坐3人是什么意思? 每节小火车坐6人是什么意思? 每排过山车坐2人是什么意思? 在学生进行观察比较的基础上,揭示每份的概念。又通过对每个游乐项目车厢个数的观察,揭示几份的概念。希望学生通过观察、比较的活动,理解每份和几份的实际含义,初步建立"份"的概念。

活动二:用"份"解决问题

继续沿用游乐场情境,有12名小朋友玩累了,准备到便利店买些零食,边吃边休息,可以几个人坐一组,能分成这样的几组呢?围绕这个核心问题,学生在独立思考的基础上,用自己喜欢的方式如圈一圈、画一画,在学习单上呈现结论(图略)。在这个过程中,要注意两个问题。①你想几个人一组?有几组?追问:每份是几?有几份?②提问:你们分的组数为什么不一样呢?引导学生总结出都是给12个小朋友分组,由于每份数不一样,也就是标准不一样,分的份数也就不一样了。这样设计的目的是希望学生通过解决问题,理解每份和几份的实际含义。

活动三:感悟"份"的关系

两个数量之间的倍数关系是在大小比较中产生的。基于这样的认识,教师创设了"比多少"的活动。引导学生思考:怎样才能让我们一眼就看出多多少或少多少呢?学生在原有认知的基础上,通过一一对应的形式比较出三个数量之间的大小关系。

活动四:以"份"为核心建立倍的概念

这个活动学生要解决的问题是:3种动物(2只熊猫、4只狮子、10只大象)之间除了有多和少的关系,还有什么关系?学生通过圈一圈、画一画的方法,来说明三种动物之间的份数关系(见图6-20)。教师追问,"为什么都是2只圈成一份",让学生理解标准的重要性,同时揭示"倍"的概念:把2只熊猫看成1份,大象有像熊猫这样的5份,我们说大象的只数是熊猫的5倍。最后变换图片呈现方式(撤走所有动物,只留下对应的白色纸条),由具体的实物图抽象到白条图,进一步帮助学生理解两个数量之间的倍数关系,同时为后面用线段图呈现两个量之间的倍数关系打下基础。此活动让学生感受到,倍数关系是在比多少的基础上出现的,当多出来的部分与标准的"份"成份数关系时,这两个量之间就有"倍"的关系。

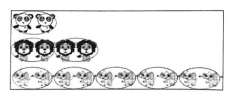

图 6-20

活动五:进一步理解"倍"的概念,渗透倍数关系的变化规律

这个活动是在上一个活动的基础上进行的。教师直接抛出核心设问:怎么把大象或狮子变一变,就变成你们心目中的倍数关系了呢?学生可能会在大象后面添上一个圈,狮子后面删掉一个圈,大象后面删掉一个圈,等等。教师及时追问学生这么做的结论和目的。这个活动的目的是通过添一添、删一删的活动,使学生感受到标准的变化、份数的变化都可以改变倍数关系。在密切联系"份"和"倍"关系的过程中,加深对"倍"的理解。

活动六：以"份"为核心，建立"分数"的概念

在解决"丁老师2岁时的身高和现在的身高有什么关系"这一问题的过程中，可以让学生巩固"倍"的概念。同时通过改变标准，学生在理解"一半"的基础上学习二分之一：当把较小量看成1份时，较大量是2份，就是它的2倍；当把较大量看成1份时，较小量就是它的二分之一。这样能使学生感受到"标准"的重要性，标准变了，结论也会随着改变。这些都离不开"份"的概念，都是以"份"为核心的。

活动七：以"份"概念为核心，多种形式理解"倍"和"分数"的关系

教师出示核心问题1：观察这幅图（见图6-21），男生和女生的人数有什么关系？可以以图画形式勾连关系。教师出示核心问题2：根据黑棋子的个数是白棋子的3倍，你能想到什么呢？可以以关系句形式勾连关系。通过多层次训练，学生深刻地理解两个数量比较时，"标准""一份"的重要性，由此突出"份"的核心地位。

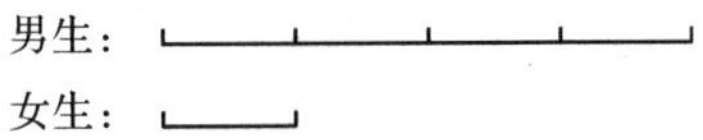

男生：⊢——┼——┼——┤

女生：⊢——┤

图 6-21

7 拓展话题

美国数学科普作家马丁·加德纳指出,唤醒学生的最好办法是向他们提供有吸引力的数学游戏、智力题、魔术、笑话、悖论、打油诗或那些呆板的教师认为无意义而避开的其他东西。这段话指出了在数学教学中引入一些拓展性知识的必要性。"倍"是一个抽象的概念,在教学中适时引入一些与"倍"有关的数学故事、数学游戏、数学趣题等拓展性内容,既可以丰富学习素材,又能让抽象的"倍"变得好玩有趣,有助于学生感受数学的魅力和数学思考的乐趣。

7.1 拓展内容

7.1.1 数学游戏

◎游戏1:按要求做动作
教师或学生做动作,任意几下后,说出倍数关系,让学生做出相应下数。
举例(1):
教师(或1名学生)拍手:×××,请你拍出我拍的四倍。
生:×××　×××　×××　×××(拍四组,每组3下)。
请同学们列出算式。
生:3×4=12。
举例(2):
教师(或1名学生)踩脚:※※※※,请你踩脚是我的2倍。
生:※※※※　※※※※(踩2组,每组4下)。
请同学们列出算式。
生:4×2=8。
举例(3):
教师(或1名学生)拍手:×××××××××,我拍的是你的3倍。
生:×××(拍3下)。
请同学们列出算式。
生:9÷3=3。
举例(4):
教师(或1名学生)踩脚:※※※※※※※※※※※※,我踩脚是你的3倍。
生:※※※※(踩4下)。
请同学们列出算式。
生:12÷3=4。
此活动可以全班一起做,也可以分组完成。

◎游戏 2：我表演，你来猜

老师准备一些小卡片，让小组派代表以抽签的方式选题，然后根据算式用动作表演出来。

举例（1）：

抽到 5,3 倍 的小组，走上来 3 人，每人上来伸出 5 根手指。

请同学来猜一猜。

生：我猜是 5 的 3 倍。

举例（2）：

抽到 6,4 倍 的小组，走上来 4 人，每人拍手 6 下或踩脚 6 下。

请同学来猜一猜。

生：我猜是 6 的 4 倍。

此活动适合分组完成。

◎游戏 3：看谁反应快

从一副完整的扑克牌中取出 1—10 共 40 张扑克牌作为游戏材料，4 人（或 2 人）玩，每人一摞同样张数的扑克牌。大家同时出一张牌放在桌面上，每人快速求和，并说出扑克牌的点数和是几的几倍，谁最先说出且结果正确，就将牌收走。如果错误各自拿回自己的牌。

举例：

四人分别出牌：2,6,3,9。

生：2＋6＋3＋9＝20，20 是 5 的 4 倍。

该生收走桌面上的四张牌。如果两人同时说出结果且结果都正确，则每人拿走两张牌。最后，谁手中的牌数量最多，谁就获胜。

◎游戏 4：找朋友

每个学生手中有一张扑克牌，老师手中有 1—13 共 13 张扑克牌。请一名学生从 13 张牌中抽取出任意一张，其余学生手中的牌如果和这张牌有倍数关系，他们就是好朋友。

举例（1）：

学生抽取的牌是 3。该生大声说："谁的牌是 3 的倍数，谁是我的好朋友。"

生：我的牌是 3,3 是 3 的 1 倍，我是你的好朋友。

生：我的牌是 6,6 是 3 的 2 倍，我是你的好朋友。

············

举例（2）：

学生抽取的牌是 10。该生大声说："我的牌是谁的倍数，谁是我的好朋友。"

生：我的牌是 1,10 是 1 的 10 倍，我是你的好朋友。

生：我的牌是 2,10 是 2 的 5 倍，我是你的好朋友。

············

7.1.2　数学趣题

◎*李白买酒*

元代数学家朱世杰为了提高学生学习数学的兴趣,编写了一些诗题。在他的著作《四元玉鉴》中记载了下面这首五言八句诗题:

我有一壶酒,携着游春走。

遇务添一倍,逢店饮斗九。

店务经四处,没了壶中酒。

借问此壶中,当元多少酒。

【译文】我提着一个装有酒的酒壶,在春光明媚的日子里去春游。每次遇到卖酒的地方便将壶中的酒添加一倍,接着,见到店就开始饮酒,每饮一次,喝去一斗九。这样反复经过四次,喝完壶中酒。请你算一算,原来壶中装有多少酒?

300年后的明代数学家程大位将朱世杰的这首诗题做了修改,改为较简单的诗题,收录在他的《算法统宗》里,五言八句诗题是:

今携一壶酒,游春郊外走。

逢朋添一倍,入店饮斗九。

相逢三处店,饮尽壶中酒。

试问能算士,如何知原有?

后来,人们又把这首诗题进行了改编。1979年的《科学画报》刊载了一首打油诗:

李白无事街上走,提着酒壶去买酒。

遇店加一倍,见花喝一斗。

三遇店和花,喝光壶中酒。

试问壶中原有多少酒?

这首打油诗的意思是,李白的壶里原来就有酒,每次遇到酒店便将壶里的酒增加一倍;李白赏花时就要饮酒作诗,每饮一次喝去一斗酒(斗是古代装酒的器具)。这样反复经过三次,最后将壶中的酒全部喝光。问李白壶中原来有多少酒?

解答这道题,一般使用"反推法",即从最后结论进行逆推的方法,并对每一步运算都以其逆运算代替。也就是从最后的结果开始,一步一步逆向进行推算。解答这道题需要用到分数除法的知识,而学生在小学阶段学习"倍的认识"时还未学习分数除法,所以,如果在学生学习"倍"之后向学生介绍这道数学趣题的话,需要把题中的数据稍做修改。比如,由西南师范大学出版的宋乃庆、张健、蔡晓莉主编的《数学文化(三年级上册)》一书中便对这道题进行了改编:

李白街上走,提壶去买酒。

遇店加一倍,见花饮八口。

三遇店和花,喝光壶中酒。

请君猜一猜,壶中原有酒。

把原诗中的"一斗"改为"八口",这样,学生就可以计算出壶中原有多少酒。具体思路如下:

李白第三次见到花时,将壶中的酒全部喝光了,说明他第三次见到花前,壶里有 8 口酒,因为在见到花前李白先遇到酒店,并将壶里的酒增加一倍,也就是将壶里的酒乘 2 得到 8 口酒,所以可以推算出,他第三次遇到酒店前,壶里的酒是 8÷2＝4(口)。

按照这样的思路推算,因为李白在见到花时,会喝 8 口酒,所以李白在第二次见到花前壶里有酒 4＋8＝12(口),第二次遇到酒店前,壶里的酒是 12÷2＝6(口)。

继续按照这样的思路推算,李白在第一次见到花前,壶里有酒 6＋8＝14(口),在第一次遇到酒店前,壶里的酒是 14÷2＝7(口),由此推算出壶里原有 7 口酒。

其实,解答这样的题采用画图分析的方法有助于学生理解题意,分析数量关系(见图 7-1)。

图 7-1

◎倍增问题

问题:一条毛毛虫由幼虫长成成虫,每天长大到原来的 2 倍,10 天能长到 24 厘米。这条毛毛虫长到 6 厘米是第几天?

解答这道题需要进行逆向思维。毛毛虫每天长大到原来的 2 倍,说明第二天的身长是第一天身长的 2 倍。这条毛毛虫在第 10 天长到 24 厘米,那么在第 9 天时,这条毛毛虫的身长为 24÷2＝12(厘米);在第 8 天时,这条毛毛虫的身长为 12÷2＝6(厘米)。所以,这道题的答案是:这条毛毛虫长到 6 厘米是第 8 天。

类似的问题还有很多,比如,一个池塘中的睡莲,每天长到原来的 2 倍,经过 12 天可以把整个池塘全部遮住。睡莲要遮住半个池塘需要多少天?

7.1.3 数学故事

◎印度的国际象棋传说

印度是一个古老传说很丰富的国家。传说印度的舍罕王很喜欢下国际象棋。有一天,舍罕王打算重赏国际象棋的发明人、宰相西萨·班·达依尔。这位聪明的大臣看来胃口并不大,他跪在国王面前说:"陛下,请您在这张棋盘的第一个小格里放一粒麦子,在第二个小格里放 2 粒,第三个小格里放 4 粒,照此下去,每个小格里都比前一小格加 1 倍,也就是说,每个小格里的麦粒数都是前一小格的 2 倍。陛下,照这样摆满棋盘上所有的格子,把 64 格里的麦粒,都赏给您的仆人吧!"

"爱卿,你所求的并不多啊!"国王为自己不用太多的东西就能奖励宰相而暗自高兴。

国王说:"你会如愿以偿的。"接着命人把一袋麦子扛到宝座前,心想有这一袋麦子就足够了。

麦粒计数的工作开始了。第一格里放 1 粒,第二格里放 2 粒,第三格里放 4 粒……还没到第二十格,袋子已经空了。麦子一袋又一袋地被扛到国王面前,可是麦粒数一格接一格地飞快增长。不一会儿,王宫里麦子堆积如山,管粮库的大臣急忙跑来报告说:"粮库中麦子不多啦!"

"怎么回事?"国王十分吃惊。

管库大臣也精通数学,他说,按宰相的要求,第一格里放 1 粒,第二格里放 2 粒,第三格里放 4 粒……64 个格子里总共要放。

$$n = 1 + 2 + 2^2 + 2^3 + \cdots + 2^{63}$$

为了算出这个数,可以把上式两边同时乘 2:

$$2n = 2 + 2^2 + 2^3 + 2^4 + \cdots + 2^{64}$$

然后用下面式子减去上面式子,得

$$2n - n = (2 + 2^2 + 2^3 + 2^4 + \cdots + 2^{64}) - (1 + 2 + 2^2 + 2^3 + \cdots + 2^{64})$$

即 $n = 2^{64} - 1 = 18446744073709551615$ 颗麦粒。

国王问:"18446744073709551615 颗麦粒有多少?"

管库大臣说:"一升小麦约 150000 颗,照这个数,那得付给西萨·班·达依尔一百二十万亿升小麦才行。这么多小麦需要全世界生产两千年!"

国王听后,像一摊泥似的从宝座上滑落到了地上。

◎"世界末日问题"

印度还有一个著名的传说,叫"世界末日问题":在世界中心,印度北部佛教圣地贝拿勒斯的圣庙里,安放着一块黄铜板,板上插着三根宝石针。印度教主神梵天在创造世界的时候,在其中的一根针上从下到上放了由大到小共 64 片金片,把这个塔形金片堆叫作"梵塔"。圣庙里不论白天黑夜,都有一个值班的僧侣按照梵天的法旨,把这些金片在三根针上移来移去。法旨要求:一次只能移动一片金片,要求不管在哪一根针上,小金片永远在大金片上面。当所有 64 片金片都从梵天创造世界时所放的那根针上移到另外一根针上时,世界将在一声霹雳中消灭,梵塔、庙宇和众生都将同归于尽。

研究这个带有宗教色彩的古老传说,不难发现,移动金片的规律是,把相邻两片金片中的下面一片金片移动到另一根针上,移动的次数总要比移动上面一片增加一倍。也就是说,移动第一片只需要一次,移动第二片需要两次,移动第三片需要四次,每移动下面一片都是上面金片次数的两倍。这样把 64 片金片都移动到另一根针上,所需要的次数是:

$1 + 2 + 2^2 + 2^3 + \cdots + 2^{63}$,即 $2^{64} - 1 = 18446744073709551615$(次)。

这个数大得不得了。如果把这座梵塔全部 64 片金片都移到另一根针上,需要多长时间呢?假如移动 1 次要花 1 秒钟的话,那么要移动这么多次,足足要花 5845 亿年时间。

而据天文学家推算,太阳系的寿命还有 150 亿年。由此可见,若要完成移动金片的任务,太阳系早已不存在了,地球当然也早已毁灭。所以,人们把这个传说叫"世界末日问题"。

据说数学益智玩具汉诺塔的灵感就来源于这个古老的传说。

7.1.4 数学与生活

◎报纸叠起来有多高?

一张报纸有多厚?我们好像从来也没有计算过它。如果我们把一张报纸对折后剪开,叠起来,再对折、剪开,再叠起来……这样重复下去,第五十次叠起来时,报纸有多高呢?让我们一起来看看下面的计算结果。

一沓新买的报纸 32 张,压紧 32 张报纸,再测出它的厚度约为 2 毫米。那么,一张报纸的厚度大约是 2÷32＝0.0625（毫米）。

将这张报纸剪开，叠一下，其高度是：

第一次：0.0625×2＝0.125（毫米）；

第二次：0.125×2＝0.25（毫米）；

第三次：0.25×2＝0.5（毫米）；

…………

第二十次：32768×2＝65536（毫米）。

为了便于计算，我们把 65536 毫米转化成米来计算，即 65536 毫米是 65.536 米，保留一位小数是 65.5 米。

如果一层楼房的高度按 4 米计算，那么现在这张报纸叠起来的高度大约相当于 16 层楼房那么高。先不要吃惊，让我们继续往下算。

第二十一次：65.5×2＝131（米）；

第二十二次：131×2＝262（米）；

…………

第四十次：34340864×2＝68681728（米）。

算到这里，我们再做一次单位转化，把 68681728 米转化成 68681.728 千米，保留 1 位小数是 68681.7 千米。地球的赤道长度约是 40076 千米，这个高度相当于地球赤道长度的 1.7 倍。是不是有点不可思议？我们继续往下算。

第四十一次：68681.7×2＝137363.4（千米）；

第四十二次：137363.4×2＝274726.8（千米）；

…………

第五十次：35165030.4×2＝70330060.8（千米）。

70330060.8 千米大约是 7033 万千米，而地球到月球的距离大约是 38.44 万千米，用 7033÷38.44≈182.96。也就是说最后得到的高度是地球到月球距离的 180 多倍。

也有资料中是这样记载的：

被称作"世界屋脊"的珠穆朗玛峰是喜马拉雅山的主峰，海拔 8848.86 米，是世界第一高峰。一张报纸只有 $\frac{1}{100}$ 厘米厚，但是把一张报纸连续对折 30 次后，它的厚度能够超过珠穆朗玛峰！我们一起来算一算：

一张报纸对折一次，就变成了 2 层；对折两次，就变成了 4 层；对折三次，就变成了 8 层；对折四次，就变成了 16 层……也就是，每对折一次，层数就增长到原来的 2 倍。

一张报纸连续对折，它的层数按如下规律增加：1，2，4，8，16，32，…，即 1，2^1，2^2，2^3，2^4，2^5，……

对折 30 次，层数为 2^{30}。如果按 100 层报纸厚为 1 厘米计算，那么一张报纸对折 30 次后，它的厚度大约是 107200 米，比 12 座珠穆朗玛峰接在一起还要高！

◎小蚂蚁是大力士

一只蚂蚁能够举起超过自身体重 400 倍的东西,所以,小蚂蚁是动物界的大力士。因为蚂蚁体内有一座微型动物营养宝库,每 100 克蚂蚁能产生 2929 千焦的热量,这相当于一个体重 65 千克的人跑 2 小时所消耗的热量。

◎人体中有趣的"倍"

人的身体中有许多有趣的比。"倍"和"比"都表示两个量之间的一种比率关系,所以,这些"比"都可以用倍数关系来表述。如,脖子的周长约是手腕周长的 2 倍;脸的宽度约是人的眼长的 5 倍;右脑的记忆力约是左脑的 1000000 倍;新生儿身高约是头长的 4 倍;成年人的身高约是头长的 7 倍;成年人的腿长约是头长的 4 倍;成年人的肩宽约是头长的 2 倍;人体的身高约是脚长的 7 倍;人的体重约是血液重量的 13 倍;等等。

7.2 拓展内容对教学的启示

(1)融入拓展素材,激发学习兴趣。

兴趣是最好的老师。教学中,从上述拓展内容中选取合适的素材创设故事情境,可以较好地激起学生的学习兴趣。如在"倍的认识"教学的新课导入环节创设情境:动物王国评选大力士,大象、狮子、老虎和蚂蚁都报名参加了评选活动,最后,蚂蚁获得了"大力士"称号。讲完这个故事,学生纷纷质疑,蚂蚁那么小,怎么可能被评为"大力士"呢? 此时,教师呈现评选标准——比一比,每一种动物举起的物体重量是自身体重的几倍,倍数大的动物就是"大力士"。接着呈现蚂蚁获胜的理由:一只蚂蚁能够举起超过自身体重 400 倍的东西,所以,蚂蚁获得了"大力士"的称号。这个情境的创设,不仅激起了学生强烈的探究欲望——什么是"倍",还让学生感受到大自然中蕴藏着很多数学奥秘。

教学中,我们还可以从上述拓展素材中选取内容编制练习题,如"警察叔叔在勘察案发现场时,常常会根据罪犯留下的脚印来判断罪犯的身高,因为人的身高约是脚长的 7 倍。案发现场罪犯的脚长是 24 厘米,你能说出罪犯的身高大约是多少吗?"学生在解题的过程中,不仅感受到数学有趣,还会进一步体会到数学与生活的密切联系。

(2)开设拓展课程,感悟数学思想。

特级教师陈加仓认为,小学数学拓展课就是对小学数学教材进行扩充、开拓、扩展、延伸、展开的课堂教学,通过创设问题情境,提供活动空间,让学生在动手操作、实践探究等活动中发现知识,感悟数学思想与方法,提高数学素养。数学故事、数学游戏、数学绘本、数学趣题等都可以成为小学数学拓展课的学习素材。数学趣题"李白买酒"是一首打油诗,读起来朗朗上口,情节生动有趣,解答该问题要用"反推法"。把"李白买酒"作为拓展课学习素材,有利于打破学生的思维定式,培养学生的推理能力。以下是我的教学设计。

《李白买酒》教学设计

教学目标:

1.了解反推法,理解和掌握用逆向思维解决问题的策略和方法。

2.培养学生分析、解决问题的能力和推理能力。

3.感受数学名题与古代诗人的联系,激发学生学习数学的兴趣;体会逆向思维在生活中的应用,感受数学与生活的联系。

一、引入新课

呈现唐代诗人李白图片,介绍李白特别爱喝酒,酒后才思敏捷,创作了很多优秀的诗篇,被人称为"诗仙"。有人根据李白爱喝酒的故事编写了一首《李白买酒》诗,这首诗还是一道数学名题。

李白街上走,提壶去买酒。

遇店加一倍,见花饮八口。

三遇店和花,喝光壶中酒。

请君猜一猜,壶中原有酒。

二、探究新知

1.阅读与理解。

(1)学生读诗题。

(2)说一说:从题目中知道了哪些信息? 要解决什么问题? 有哪些词或句子的意思不理解?

(3)分析交流:"遇店加一倍""见花饮八口""三遇店和花""喝光壶中酒",分别是什么意思。

2.分析与解答。

(1)播放《李白买酒》诗题视频,明白诗题中"三遇店和花"的原意是李白遇见酒店三次,遇见花三次,且每次都是先遇酒店后遇花。

(2)学生独立思考,画出李白买酒的行走路线图(见图7-2)。

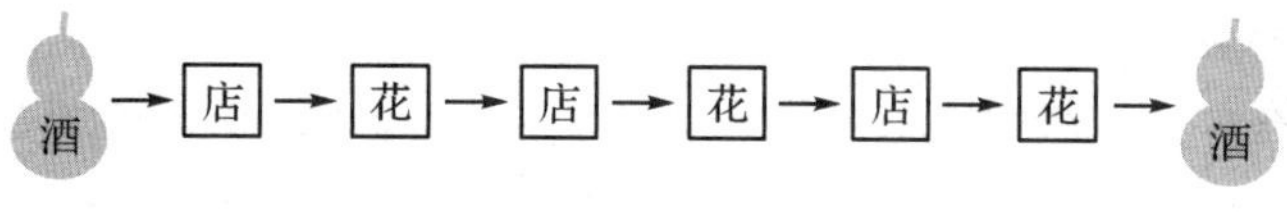

图 7-2

(3)思考:遇到酒店,壶中的酒会怎样变化? 怎样在图中表示出来? 遇到花,壶中的酒会怎样变化? 怎样在图中表示出来?

学生根据题中信息,补充完善李白买酒行走路线图(见图7-3)。

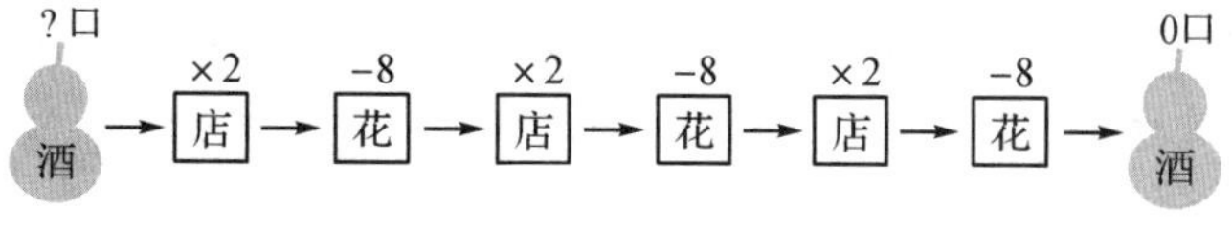

图 7-3

(4)学生独立列式解答(如果遇到困难,可以在小组内交流)。

(5)全班交流。

在交流中,借助图帮助学生理解:从喝光壶中酒开始倒着推算,见花"壶里的酒减去8口",反过来就是"壶里的酒加上8口";遇店"壶里的酒乘2",反过来就是"壶里的酒除以2"(见图7-4)。

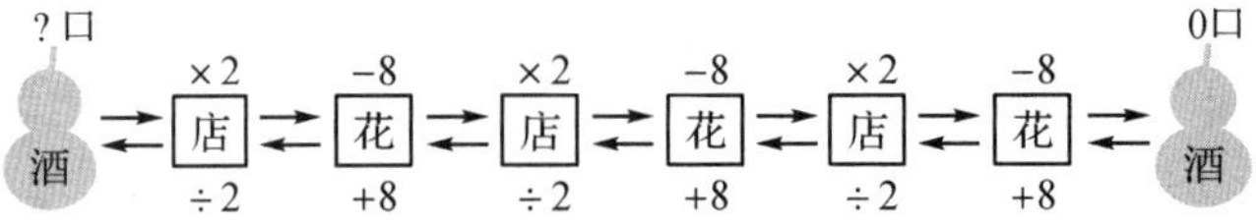

图 7-4

所以,列式为:

$0+8=8(口)$

$8÷2=4(口)$

$4+8=12(口)$

$12÷2=6(口)$

$6+8=14(口)$

$14÷2=7(口)$

答:壶里原有 7 口酒。

3.回顾与反思。

(1)思考:我们的解答是不是正确的呢?

学生把结果作为题中已知条件,按照李白买酒的路线图进行计算:$7×2=14(口)$,$14-8=6(口)$,$6×2=12(口)$,$12-8=4(口)$,$4×2=8(口)$,$8-8=0(口)$,最后壶里没有酒,说明李白喝光了壶中酒,符合题意,解答正确。

(2)思考:想一想,解答这道题的方法和我们以前解决问题的方法有什么不同?

明确像这种知道结果和每一步变化过程的题目,我们可以从结果开始,一步一步反方向进行推算,这种解决问题的方法就是反推法,也称"递推法"。这种思维方式,叫作逆向思维,用逆向思维方式解题在数学中很常见。

三、拓展运用

1.在《李白买酒》这道题中,如果李白"三遇店和花"的路线图不是"店→花→店→花→店→花"的顺序,你觉得可能是怎样的顺序?请你设计一种路线图,并算一算壶中原有多少酒?

(1)学生独立思考解答。

(2)全班交流。

(3)思考:比较上述几种情况,你发现了什么?

得出:路线不同,答案也不同,但解决问题的方法相同,都是用反推法解决问题。

2.一个池塘中的睡莲,每天长到原来的 2 倍,经过 12 天可以把整个池塘全部遮住。睡莲要遮住半个池塘需要多少天?

3.介绍生活中运用逆向思维解决问题的小故事,如司马光砸缸等。建议学生课后搜集生活中运用逆向思维解决问题的小故事。

四、交流收获

通过这节课的学习,你有哪些收获?(重点回顾如何用反推法解决问题)还有什么问题?

（3）玩转数学游戏，感受数学魅力。

小学生有喜欢做游戏的天性。教学中，教师可以根据学生年龄特点，设计一些与"倍"有关的数学游戏，如本章拓展内容中的数学游戏，既能帮助学生巩固"倍"的知识，又可让学生感受到数学好玩。还可以在班级里开展汉诺塔游戏。汉诺塔，也叫河内塔，是源于印度传说故事"世界末日问题"的益智玩具。汉诺塔底座上有三根柱子，其中的一根柱子上有若干个大小不等的圆盘。游戏规则如下：

①每次只能移动一个圆盘；

②大圆盘不能放到小圆盘上面；

③借助过渡柱（中间的柱子）把所有的圆盘从起始柱全部移到目标柱才算成功（两端的两根柱子分别为起始柱和目标柱）；

④移动总步数要最少。

在玩汉诺塔游戏的过程中，学生会发现：移动第一个圆盘只需要移动一步，移动第二个圆盘需要两步，移动第三个圆盘需要四步……也就是每移动下面一个圆盘的步数都是上面相邻圆盘步数的2倍，那么，完成游戏所移动的总步数就是它们的步数之和。掌握了这一数学规律，就可以不走重复路，移动总步数就会是最少。在开展汉诺塔游戏的活动中，可以向学生介绍印度传说故事"世界末日问题"，让学生感受数学的神奇魅力，还可以让学生把玩汉诺塔游戏的一些发现和感受用文字记录下来，写一篇数学日记。

（4）设计多元作业，发现数学规律。

"印度的国际象棋传说"是一个与"倍"有关的数学故事，故事中麦粒数的变化在刚开始时是缓慢增长，后来是爆炸式增长，所体现的"倍增效应"让人震撼。故事呈现的数学智慧、数学规律，有助于学生感受数学知识的魅力，让抽象的"倍"变得好玩、有趣。基于上述思考，我在学生认识"倍"之后，根据这个故事，设计了一份"操作＋阅读＋写作"的周末数学作业，如下所示。

亲爱的同学们，请你按照要求完成下面的活动。

一、操作活动

请你按照下面的步骤进行操作：

1.找一张大一些的纸，仿照下图（见图7-5）在纸上画出共16个格子的格子图。

图 7-5

2.如果在第1格里放入1粒大米，在第2格里放入2粒大米，在第3格里放入4粒大米……也就是说，每个格子里的米粒数都是前一个格子里的米粒数的2倍，请你想一想，按照这样的规律，在每个格子里都放入大米，需要的大米粒（并不多、比较多、很多），请你从上面三个答案中选择一个你认为正确的答案。

3. 现在开始往格子里放大米。在第 1 格里放入 1 粒大米, 在第 2 格里放入 2 粒大米……(每个格子里的米粒数都是前一个格子里的米粒数的 2 倍)。当放完第 10 格时, 请你停下来想一想, 有什么感受?

4. 接下来不用再放米粒, 请你和家长一起用计算器算一算, 第 11~16 格里分别要放多少粒大米?

完成上面的操作活动后, 要记得和爸爸妈妈分享你的感受哦。

二、阅读活动

请你阅读一个非常有趣的故事。

印度的国际象棋传说

印度是一个古老传说很丰富的国家。传说印度的舍罕王很喜欢下国际象棋。有一天, 舍罕王打算重赏国际象棋的发明人、宰相西萨·班·达依尔。这位聪明的大臣看来胃口并不大, 他跪在国王面前说:"陛下, 请您在这张棋盘的第 1 格内放 1 粒麦子, 在第 2 格内放 2 粒, 在第 3 格内放 4 粒, 照此下去, 每个小格内都比前一小格加 1 倍, 也就是说, 每个小格内的麦粒数都是前一小格的 2 倍。陛下, 照这样摆满棋盘上所有的格子, 把 64 格里的麦粒, 都赏给您的仆人吧!"

"爱卿, 你所求的并不多啊!"国王为自己不用太多的东西就能奖励宰相而暗自高兴。

国王说:"你会如愿以偿的。"接着命人把一袋麦子扛到宝座前, 心想这袋麦子就足够了。

麦粒计数的工作开始了。第 1 格内放 1 粒, 第 2 格内放 2 粒, 第 3 格内放 4 粒……还没到第 20 格, 袋子已经空了。麦子一袋又一袋地被扛到国王面前, 可是麦粒数一格接一格地飞快增长。不一会儿, 王宫里麦子堆积如山, 管粮库的大臣急忙跑来报告说:"粮库中麦子不多啦!"

"怎么回事?"国王十分吃惊。

管库大臣也精通数学, 他说:"按宰相的要求, 第 1 格里放 1 粒, 第 2 格里放 2 粒, 第 3 格里放 4 粒……64 个格子里共放 18446744073709551615 粒麦子。"

国王问:"18446744073709551615 粒麦子有多少?"

管库大臣说:"1 升小麦约 150000 粒, 照这个数, 那得付给宰相一百二十万亿升小麦才行。这么多小麦需要全世界生产两千年!"

国王听后, 像一摊泥似的从宝座上滑落到了地上。

三、写作活动

同学们, 相信你在完成上面的操作和阅读活动后, 内心一定有很多想法, 那就赶紧写一篇数学日记吧, 题目自拟, 字数不少于 300 字, 要写出自己真实的感受, 期待你的精彩日记!

下面是学生在数学日记中记录的活动过程及活动后的感受:

"老师让我们推测 16 个格子里面摆放的大米粒是'并不多''比较多'还是'很多', 我想,第1格里才放1粒大米,第2格里才放2粒大米,那16个格子里面摆放的大米粒肯定是并不多。

"第10格里是512粒大米,竟然要放这么多粒大米! 那么,第11～16格里岂不是要放更多大米? 看来我的预测是错误的。于是,我和妈妈用手机上的计算器一起算了算,第11格里要放1024粒大米,第12格里要放2048粒大米,第13格里要放4096粒大米,第14格里要放8192粒大米,第15格里要放16384粒大米,第16格里要放32768粒大米。哇! 真是超乎我的想象。

"第10格里就要512粒大米,如果我继续边数边往格子里放米粒的话,把16个格子放完,我肯定会数到深夜的。于是,我就根据第10格里的大米估算后面格子里的大米,第10格里的大米正好是我用手抓的1把大米,那么第11格里就是我的2把,照此往下摆放,第16格里需要64把大米。噢! 我的手要忙坏了,64把大米太多了。放完16格,用了整整一小袋大米,我真是低估了这16个格子。

"2本来是很小的一个数,但与'倍'合在一起,就有了这么大的威力,真是不能小瞧'倍'啊!

"我觉得自己很像故事中的国王,原本以为要用的大米并不多,结果却远远超出了我的想象。这是因为'2倍'的威力实在太大了,它能使一个很小的数变得很大!'倍',好厉害呀!"

教学中,也可以在学生完成这项作业后,推荐学生阅读"报纸叠起来有多高"等资料,学生在阅读中会进一步感受"倍"的威力。

8 校本教研活动方案

以课例为载体进行校本教研活动是促进教师专业发展的有效途径。全国著名特级教师朱乐平所设计的系列校本教研活动方案,秉持"只有不断投入,才能不断发展"的理念,以课例为载体,建立以"阅读·思考·交流·发展"为主题的校本教研新范式。按照朱老师设计的校本教研范式,我们可以这样设计关于"倍的认识"教学的校本教研方案。

一、活动目标

1. 让参与校本教研的教师经历阅读、思考、解答等过程,并与同事交流关于倍的认识概念教学的相关资料与问题。

2. 参与教师能进一步明确倍的本质,认识倍的认识的教学价值。

3. 参与教师能够对不同版本教材关于倍的认识编排进行比较与分析,提高参与教师的教材比较能力。

4. 参与教师能够对倍的认识概念教学的不同片段进行比较与分析,明确倍的认识概念教学的重难点,提升倍的认识概念教学的能力。

二、活动内容、形式与时间

1. 数学组教师独立阅读、解答关于倍的认识概念教学的相关资料和问题,并与同事交流。独立阅读、解答时间由教师自己安排,交流时间为学校统一组织,约为 1 小时。

交流活动的过程是:先分小组交流,每个人都要在小组内进行交流,交流活动中记录人做好记录,随时归纳主要观点和问题;然后进行大组交流,每个小组选一个代表进行交流,交流内容尽量不要重复,记录人记录每个小组的主要观点;活动最后,记录人要对这次活动进行综述,归纳形成的共性、存在的分歧和可以进一步研究的问题。

2. 教研组确定一位教师上一节"倍的认识"的教研课,数学组其他教师听课,并进行课后访谈和评课。听课时间约为 40 分钟,课后访谈时间约为 5 分钟,评课与交流时间约 1 小时。

3. 活动结束后,每位参与教师撰写收获与感受。

三、活动前准备

请每位参与教研活动的教师在活动前认真阅读、独立思考下面的问题,并准备在教研组中交流。

1. 你觉得什么是倍?想一想、写一写。

2. 先阅读下面的内容,并回答问题。

《现代汉语词典》中关于"倍"的解释:跟原数相等的数,某数的几倍就是用几乘某数。

人民教育出版社出版的三年级上册《义务教育教科书教师教学用书》指出:倍的本质是

两个数量在相互比较，即一个量里包含了几个另一个量就是它的几倍。

现行小学数学教材都没有对"倍"下定义，而是借助具体的情境描述两个量之间的倍数关系，通过具体的数学活动让学生体会"倍"的含义。

问题：

(1)有人说，"倍"就是"乘法"，你同意这种说法吗？为什么？

(2)有一位高年级数学老师说："我不管你们(指低年级数学教师)是用'几个几'去讲，还是用'份'去讲，一定要让学生建立一个正确的'倍'的模型，不要看到'倍'就乘，否则到高年级就太难纠正了。"帮助学生建立一个正确的"倍"的模型，你觉得教学中应该怎么做？

(3)你觉得数学上的"倍"与生活中的"倍"一样吗？请举例说明。

(4)你觉得"倍"和"倍数"是两个相同的概念吗？为什么？

(5)你觉得"倍"与哪些已经学习的概念有着密切的联系？倍、分数、百分数、比，这些概念之间有什么相同与不同之处？

3.学习"倍"，学生的认知结构要经历从"加法结构"到"乘法结构"的转变。你是怎样理解这句话的？请阅读下面的内容。

孙昌识和姚平子认为，儿童数学认知结构是儿童掌握数学知识后，在头脑中建立的相应心理结构。数学认知结构所含的心理成分有数学概念系统、表征系统和相应的加工系统(加工机制)。小学生的数学认知结构主要是加法结构和乘法结构，而乘法结构是在加法结构基础上产生的高层次的数学认知结构。

加法结构是一个概念域，是以加法、减法概念为核心的概念体系，是多种数学概念(被减数、减数、差数、部分数、总数等)围绕加减法概念形成的联结网络。

乘法结构是一个概念体系，基本概念是乘法和除法，与之相关的有倍、最大公因数、最小公倍数、运算规律甚至面积、体积、表面积、速度等概念和定律。儿童乘法认知结构中的数学概念体系是按照整数—分数—比例的顺序依次建构的，学生第一次接触比率是学习"整数倍"，然后依次学习小数倍、分数(表示率)、比、百分数。

乘法结构是心理学家吉尔德·维格诺德提出的。吉尔德·维格诺德认为乘法结构可以分为三个子结构，即度量同构、度量的积和非积的复合比例。在乘法结构中，度量同构是基础，倍属于度量同构这一子结构。

吉尔德·维格诺德认为度量同构这种结构由两个测量空间 M_1 和 M_2 之间的简单正比例关系组成。它可以描述大量的日常生活和工作情景，诸如分配、价格、平均速度、平均密度等。

基本的度量同构可以包括四类问题。

①、②、③题见图 8-1：

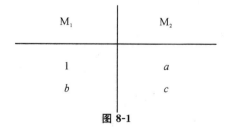

图 8-1

①乘法,当 c 为未知时(a、b 为已知)。

②一类除法,当 a 为未知时(b、c 为已知)。

③二类除法,当 b 为未知时(a、c 为已知)。

④按比例计算(见图 8-2):

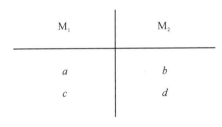

图 8-2

在上图中已知三项,求第四项。当然这类问题也可以通过非比例程序去解。

学生在学习"倍"之前,头脑中建构的是"加法结构",是数量的合并与多少的比较。虽然已经学习了乘法的初步认识,但乘法的初步认识建立于特殊的加法之上,是一个量重复累加的过程,本质上仍是"加法结构"。而"倍"研究的不是一个量重复累加的过程,是两个量之间的"比率"关系。学习"倍",学生的认知结构要经历从"加法结构"到"乘法结构"的转变,这种转变是一次"质"的变化。

4.三个不同时期的人教版教材关于倍的知识的编排情况见表 8-1。

表 8-1　三个不同时期的人教版教材关于倍的知识的编排

教材版本	教材结构	例题数量	所属单元	单元标题	教学年级
1983 年版	①建立倍的概念	0 个	第六单元	乘数是一位数的乘法	二年级下册
	②求一个数的几倍是多少	2 个	第六单元	乘数是一位数的乘法	二年级下册
	③求一个数是另一个数的几倍	2 个	第一单元	除数是一位数的除法	三年级上册
2001 年版	①建立倍的概念	2 个	第六单元	表内乘法(二)	二年级上册
	②求一个数的几倍是多少	1 个	第六单元	表内乘法(二)	二年级上册
	③求一个数是另一个数的几倍	2 个	第四单元	表内除法(二)	二年级下册
2022 年版	①建立倍的概念	1 个	第五单元	倍的认识	三年级上册
	②求一个数是另一个数的几倍	1 个	第五单元	倍的认识	三年级上册
	③求一个数的几倍是多少	1 个	第五单元	倍的认识	三年级上册

问题:

(1)三个不同时期的人教版教材编排结构的相同点和不同点有哪些?

(2)1983 年和 2001 年的教材都是分两个时段教学"倍的认识和应用",而且都是把"建立倍的概念"与"求一个数的几倍是多少"编排在一个时段教学,把"求一个数是另一个数的几倍"编排在另一个时段教学。2022 年的教材是在学生学习了"表内乘法(一)、(二)"和"表内除法(一)、(二)"后,把"倍的认识和应用"知识集中编排,单独列为一单元"倍的认识"进行教学,并把该内容安排在三年级上册。你觉得这样编排有什么好处?

(3)与 2022 年教材配套的《义务教育教科书教师教学用书》指出,这样编排好处有三:一是由于倍的知识后移,学生学习的难度降低;二是教学用倍的知识解决问题——求一个数是另一个数的几倍、求一个数的几倍是多少的问题,不再受到所学乘、除法知识的限制,教学内容的呈现更具逻辑性;三是集中教学用乘、除法解决包含有"倍"数量关系的实际问题,有利于学生在解决问题中加深对乘、除法含义的理解,了解所学习的知识有什么用、如何用,从而逐步培养学生应用数学的意识和解决问题的能力。你认同教材编者的这段话吗?

5.下面是三个不同时期人教版教材中"倍的认识"的编写内容(见图 8-3—8-5)。

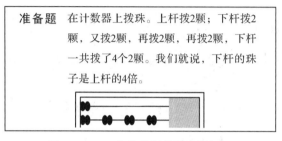

图 8-3　1983 年人教版教材(重绘图)

图 8-4　2001 年人教版教材

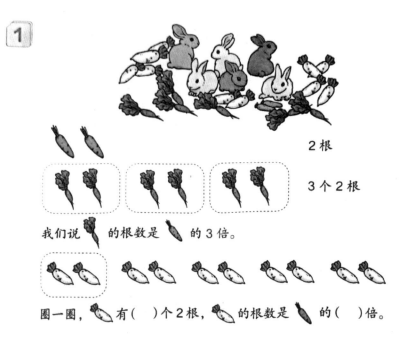

图 8-5 2022 年人教版教材

问题：

(1)这些教材的相同点和不同点有哪些？从教材编排的变化中折射出了哪些教学理念的变化？

(2)不同时期的教材提供的操作活动不同,请你评析这些操作活动,你更喜欢哪个时期教材设计的操作活动,为什么？

6.请收集现行人教版、北师大版、浙教版和苏教版等版本教材中"倍的认识"内容,并认真阅读。

(1)这些教材的相同点和不同点有哪些？体现了怎样的编写意图？

(2)不同版本的教材所呈现的揭示倍概念的方式各不相同,你喜欢哪个版本教材的揭示方式？为什么？

(3)不同版本的教材编排了不同的巩固倍概念的活动,请你评析这些活动,你认为哪些值得你借鉴？

(4)不同版本的教材提供了许多有价值的素材,带给你哪些启示？如果让你设计一节"倍的认识"教学设计,你会设计哪些活动？

7.阅读下面内容,并回答问题。

材料1：

在"倍的认识"的引入环节,老师呈现了这样一幅图：

红花：🌸🌸🌸

黄花：🌼🌼🌼🌼🌼🌼

师:观察这幅图,你可以提出哪些问题？

生:黄花比红花多多少朵?

生:红花比黄花少多少朵?

生:一共有多少朵花?

师:还能提出其他问题吗?

学生沉默,没有提出其他问题。

材料2:

这是一份"倍的认识"前测问卷中的题目和测查结果。

①圈一圈、填一填、写一写。

梨的个数是苹果的(   )倍。

测查结果见表8-2:

表8-2

梨的个数是苹果的( )倍	4 倍	3 倍	2 倍
人数	14 人	24 人	24 人
百分比	22.6%	38.7%	38.7%

测查结果显示:22.6%的学生认为梨比苹果多了4个,所以梨的个数是苹果的4倍;38.7%的学生填写正确,认为梨的个数是苹果的3倍;38.7%的学生认为梨的个数是苹果的2倍,他们通过画图、算式或文字表述呈现判断的理由,理由均为苹果有2个,梨比苹果多了2个2,所以梨是苹果的2倍。

②红花: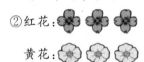

黄花:

黄花的朵数是红花的(   )倍。

测查结果见表8-3:

表8-3

黄花的朵数是红花的( )倍	0 倍	1 倍	6 倍	空白
人数	39 人	18 人	1 人	4 人
百分比	62.9%	29.0%	1.6%	6.5%

测查结果显示,大多数学生认为"黄花的朵数是红花的0倍",他们判断的理由是"黄花和红花一样多,黄花没有比红花多的朵数,所以黄花的朵数和红花的朵数之间没有倍数关系,也就是0倍"。认为"黄花的朵数是红花的6倍"的这名学生判断的理由是"黄花3朵,红花3朵,合起来是6朵,就是6倍"。

问题:

(1)学生学习"倍",有哪些知识经验和基础?

(2)学生已有的哪些知识可能会对学生建立"倍"的概念造成负迁移?

(3)你觉得"倍的认识"这节课的教学难点是什么? 怎样突破教学难点?

8."倍的认识"教学有多种不同的引入方式,下面有两个教学片段,你觉得这两个片段有什么相同和不同? 你更喜欢哪一个教学片段? 为什么?

【教学片段一】

出示情境图。

师:小兔子拔了很多萝卜,你能帮它们分一分、数一数吗?

(胡萝卜有2根,红萝卜有6根,白萝卜有10根)

教师先在黑板上贴出2根胡萝卜、6根红萝卜的图片。

师:根据学过的知识,你能提出哪些数学问题?

生:两种萝卜一共有多少根?

生:红萝卜比胡萝卜多多少根?

生:胡萝卜比红萝卜少多少根?

师:我们可以把这三个问题分一分类,怎么分?

师:第一个问题是求和,用加法解决。第二个和第三个问题都是在比较两个数量,用减法解决。

师:同学们,对两个数量进行比较,除了比较多少,还有一种比较方法,今天我们就来学习这种特别的比较方法。

【教学片段二】

出示题目。

说说第一行的△和第二行的▲有什么关系?

第一行:△△

第二行:▲▲▲▲▲▲

生:第一行比第二行少4个。

生:第二行比第一行多4个。

师:它们除了相差关系还有什么关系呢? 我们这节课就来研究这个内容。

9.不同版本的教材都是利用"几个几"或"份"引出倍的含义,下面是两个揭示倍概念的教学片段,你认为这样的教学各有什么特点?

【教学片段一】(俞正强执教、章颖记录,2017)

流程一:经验的激活

①教学"一样多"

a.谈话

板书:一样多

师:把这3个字读一读,一样多。

师:什么时候会用到"一样多"?

学生自由发言。

师小结:"一样多"肯定是谁和谁在比多少。

b.拍手游戏

师:请你跟我一样多,我就跟你一样多。

师拍 3 下,学生也拍了 3 下。

师:为什么刚才拍了 3 下?

生:老师拍了 3 下,所以我拍了 3 下。

生:因为要和老师一样多。

生:要以老师为标准。

师小结:"一样多",以老师的 3 下为标准。

c.画一画

师:我画△,你们画○跟我"一样多"。

第一次:画△——○

师:为什么画 1 个?

生:老师画了 1 个。

第二次:△△△△——○○○○

师:画了几个? 为什么?

②教学"两个一样多"

板书:两个一样多

a.拍手游戏

师:读,懂吗?

师拍 3 下。

生 1 连着拍 6 下。

生 2 先拍 3 下,再拍 3 下。

师:他们拍得有什么不一样吗?

生 1:一个连续拍 6 下,一个拍 3 下停一停又拍 3 下。

师:你为什么拍 3 下停下后又拍 3 下?

生 2:两个一样多,先拍 3 下,再重复一次。

师:哪位同学拍得好? 为什么?

师小结:两个"一样多",先确立"一样多",再重复一次。

全班拍手游戏体验:两个一样多。

b.画一画:两个一样多

△△→△△　　△△

师:为什么要分开?

c.体验"三个一样多"(同上)

流程二:概念的建立

活动:换个说法

师：我说谁和谁一样多，你说谁是谁的1倍。（师说生改）

板书：△和○一样多

　　　△是○的1倍

师：……两个一样多。

生：……的2倍。

问题1：你能依次说吗？

问题2：你能用这句话，举个生活中的例子吗？谁是谁的几倍？

【教学片段二】（郭立军、刘凤伟，2016年）

活动一：动手操作

用圆片摆出3和4比，3和5比，3和6比。

预设：

①●●●

　○○○○

②●●●

　○○○○

③●●●

　○○○○○○

活动二：观察比较

①说一说，这三组比较有什么相同点？

②哪一组与另外两组相比，与众不同？

预设：●●●

　　　○○○○○○

活动三：表达关系

①用你喜欢的方式来表达6和3这种特殊的关系。

②2在哪里？

③为什么要3个一圈？

④明明是3个，为什么要说成是1？

⑤揭示"倍"的概念。

10.下面是特级教师周卫东在教学"倍的认识"时的一个教学片段，你认为这样的教学有什么特点？

师（呈现情境图）：仔细地观察画面，你看到了什么数学信息？

生：蓝花2朵。

生：黄花6朵。

师：你能根据两种花的朵数，说一句含有"倍"的话吗？

生：黄花是蓝花的3倍。

师:刚刚小朋友说的句子,周老师带来了!(板贴:黄花的朵数是蓝花的 3 倍)光知道这句话还不行,还要能回答:为什么黄花的朵数是蓝花的 3 倍呢?打开你的研究单 1,开始你的研究吧!

(学生自主研究,教师巡视。)

师:研究好的小朋友和你的同桌交流一下,把想法说给同桌听一听。

(学生同桌交流。)

师:我们用小磁铁代表小花,哪位小朋友到前面来做小老师,给大伙儿讲讲为什么说黄花是蓝花的 3 倍?

生:(边说边把黄花 2 个 2 个地圈)这儿有 3 个 2,6 就是 2 的 3 倍。

师:你能把这 3 倍说得更清楚吗?

生:这个 6 里面一共有 3 个 2。

师:为什么把 2 个圈一圈呀?

生:我把 2 朵花当作 1 份,就能知道 6 里面有几个这样的一份。

师:也就是 3 份。(板书:3 份)所以,黄花的朵数是蓝花的 3 倍。

生:我有补充! 蓝花有 2 朵,黄花有 3 个 2 朵,所以说,黄花是蓝花的 3 倍。

师:真好! 研究朵数也可以说明。

师:刚刚在研究的过程中,看到还有一些小朋友是用算式研究的,谁来把算式说一说?

生:我的算式是 6÷2＝3。

(教师板书算式。)

师:有道理吗? 说说道理。

生:"6"表示黄花的朵数,"2"表示蓝花的朵数,"3"表示"6"里面包含了几份"2"。

师:真好! 这个算式其实就是说 6 里面包含了几个几?

生:6 里面包含了 3 个 2。

师:说得好! 所以我们说——

生:(齐)黄花的朵数是蓝花的 3 倍。

后　记

2022年4月初，我完成了这部书稿。这时，距离我加入"一课研究"团队，已有5年时间。

2013年，《小学数学教师》杂志增刊对"朱乐平小学数学名师工作室"进行专题报道，在阅读这期杂志时，我不止一次地遐想——如果我能成为这个团队中的一员，跟着朱老师学习该多好！加入这个团队成了我的梦想。

2017年，我在"一课研究"微信公众号上看到"朱乐平小学数学名师工作站'一课研究'团队招生通知"，我激动而又兴奋地填写报名表，焦急而又忐忑地等候消息，最终，梦想成真，我加入了"一课研究"团队，研究的内容是"倍的认识"这节课。

围绕一节课，怎么做研究？2017年3月，我第一次参加团队学习，虽然听了关于教材比较研究、学生研究、教学设计研究等研究报告，但我对做研究仍是一片迷茫。在阅读完导师朱乐平老师的《圆的认识教学研究》一书后，我又买来"一课研究丛书·图形与几何系列"中的另外11册书，系统学习如何从多个维度对一节课进行研究。

纸上得来终觉浅，绝知此事要躬行。每一次团队学习结束，朱老师都会建议我们每个学期至少每年做一个研究，并在团队集中学习时做专题汇报。做专题汇报，可以得到导师全面细致地单独指导，这样的"待遇"令我向往。于是，在跟着团队学习一年后，我报名做研究汇报，内容是《"倍的认识"教学设计综述》。

我先阅读丛书中关于教学设计综述的内容，找出它们的共性，初步确定研究框架，然后收集关于倍的认识教学文章，进行摘录提炼。其间，我又阅读了一些数学学习心理学、概念教学方面的书籍和文章，经过反复阅读、思考和修改，终于完成了"倍的认识教学设计综述"。记得我刚做完汇报，就收到朱老师的消息："晁艳玲，你讲得非常棒！"那一刻，激动、喜悦、幸福一起涌上心头。我品尝到了做研究的快乐，这份快乐鼓舞着我又报名做了"倍的认识"教材纵向比较和横向比较两次专题汇报，每一次都得到了朱老师的悉心指导和鼓励，甚是幸福。

团队集中学习时，朱老师鼓励我们写书。几年来虽然围绕着"倍的认识"做了一些研究，但要把做的研究写成一本书，我仍觉得是一个遥不可及的梦想。在和朱老师的交流中，朱老师多次鼓励我："晁艳玲，你是有能力写一本书的。""晁艳玲，你写一本书，没有问题。"导师的鼓励，让我坚定了写书的信心，2020年暑假，我决定撰写《倍的认识教学研究》一书，2021年7月我开始撰写书稿。

团队已经出版的"一课研究丛书"为本书的撰写提供了样例，我先确定书的框架，明确每一章节的内容，然后开始了"痛并快乐着"的写书过程。我牢记朱老师的教诲"滴水能石穿是因为持之以恒和目标始终如一"，坚持每天写一点，每一个清晨和夜晚、每一个周末和节假日都是我的写作时间。这本书是写出来的，也是做出来的，书中的每一章文字，都是做之后的梳理和记录。在撰写同课异构研究的内容时，白天，我把摄像机架在教室后面，自己与自己同课异构,晚上整理课堂实录,修改教学设计。就这样,坚持一步一步地做、一点一点地研究,终于,完成了这本书。

本书围绕"倍的认识"这节课,呈现了在上位知识、教材比较、学生情况、教学设计、单元整体设计和拓展话题等几个方面做的研究和综述。在上述方面,我所收集的资料和所思所做,都将真诚地与读者共享。

围绕着一节课做教学研究,并撰写一本书,对我来说,曾是一个遥不可及的梦想,今天却得以实现。非常感谢我的导师朱乐平老师的鼓励、指导和帮助。朱老师既是我专业成长的导师,也是我人生修炼的导师。他常说,学做一课研究就是在学做人,他身上的优秀品质深深影响着我。同时,还要感谢"一课研究团队"伙伴的帮助;感谢学校领导、同事的支持;感谢我的家人一直以来对我的鼓励和支持。本研究也借鉴、参考了很有价值的已有研究成果,在此一并致谢。

由于个人水平有限,本书一定有许多不足甚至错误,敬请读者批评指正。

晁艳玲

2022 年 4 月

参考文献

[1] 张奠宙.一些小学数学内容的商榷与讨论——《小学教学》2011年10月号读后[J].小学教学:数学版,2012(1):9-12.

[2] 人民教育出版社课程教材研究所小学数学课程教材研究开发中心.义务教育教科书教师教学用书:数学 三年级上册[M].北京:人民教育出版社,2017.

[3] 马芯兰,孙佳威.开启学生的数学思维:对马芯兰数学教育思想的再认识[M].北京:北京师范大学出版社,2021.

[4] 刘加霞,刘晓婷,刘琳娜.小学数学典型内容教学设计与评析[M].北京:清华大学出版社,2019.

[5] 张奠宙.返璞归真 正本清源——"比"不能等同于除法[J].教学月刊:小学版(数学),2015(3):4-8.

[6] 吴正宪,刘劲苓,刘克臣.小学数学教学基本概念解读[M].北京:教育科学出版社,2016.

[7] 孙昌识,姚平子.儿童数学认知结构的发展与教育[M].北京:人民教育出版社,2005.

[8] 王永春.小学数学与数学思想方法[M].上海:华东师范大学出版社,2016.

[9] 朱乐平.圆的认识教学研究[M].北京:教育科学出版社,2014.

[10] 中华人民共和国教育部.义务教育数学课程标准(2011年版)[M].北京:北京师范大学出版社,2011.

[11] 鲍建生,周超.数学学习的心理基础与过程[M].上海:上海教育出版社,2014.

[12] 晁艳玲.《倍的认识》三个版本教材比较及其对教学的启示[J].教育视界:智慧教学版,2021(8):18-21.

[13] 晁艳玲.一课研究之"倍的认识"三种版本教材比较与教学思考[Z/OL].一课研究微信公众号,2020-05-08.

[14] 刘明娟.倍的初步认识[J].上海教育,1994(Z2):94.

[15] 王素琴."倍的认识"教学设计[J].江西教育:管理版(A),1995(9):40.

[16] 麦剑峰.倍的认识[J].广西教育,1998(10):31.

[17] 姚俊明.《倍的认识》教学设计[J].小学教学设计:数学版,2004(5):20.

[18] 黄秀兰,陈天鸿."倍的认识"教学设计与评析[J].小学教学参考:数学版,2007(7-8):21.

[19] 吴萍,焦肖燕.《倍的认识》教学设计与评析[J].教育研究与评论:小学教育教学版,2010(4):76.

[20] 张冬梅,周晓军.《倍的认识》教学设计与评析[J].教育研究与评论:小学教育教学版,2011(4):62.

[21] 薛艳,王丽梅."倍的认识"教学设计、实录与评析[J].辽宁教育,2011(12):58.

[22] 凡月琴."倍的认识"教学设计与反思[J].小学教学参考:数学版,2014(5):23.

[23] 叶菲菲,陈寿章.操作 体验 比较 提升[J].小学教学设计:数学版,2015(7):50.

[24] 仲云高.注重说理 凸显建构——"倍的认识"的教学实践与思考[J].小学教学参考:数学版,2014(12):71.

[25] 陈鹏.建构一个能"长出"知识点的情境——"倍的认识"教学设计与评析[J].小学教学参考:数学版,2020(7):55.

[26] 张仰勇."倍的认识"教学纪实[J].黑龙江教育:教育与教学版,2020(9):29.

[27] 徐斌."倍的认识"教学案例与思考[J].小学教学:数学版,2013(7-8):40-41.

[28] 吴汝萍.让数学思想永驻数学课堂——《倍的认识》教学设计与思考[J].教育研究与评论:小学教育教学版,2013(4):56-60.

[29] 王嘉熙.《倍的认识》教学[J].小学教学设计:数学版,2014(1):8.

[30] 殷芊.关注本质 夯实概念——《倍的认识》教学设计(一)[J].小学教学设计:数学版,2019(7):16.

[31] 倪斌强.抓住本质 边"破"边"立"——《倍的认识》教学实践与反思[J].小学教学设计:数学版,2021(7):12.

[32] 周晓林.用"几个几"的视角看世界[J].小学教学研究,2021(8):24.

[33] 庞琳."516"模式之数学知识建构例谈——以三年级上册《倍的认识》教学为例[J].广西教育,2019(1):42.

[34] 傅爱兰.概念,在"画"中感悟——"倍的认识"教学实践与思考[J].教学月刊:小学版(数学),2019(3):40.

[35] 席爱勇.在那数学思维生长的地方——以《倍的认识》教学为例[J].小学教学设计:数学版,2015(7):61.

[36] 周卫东.为品格而教[M].南京:江苏凤凰教育出版社,2021:124-125.

[37] 张媛,杨开远.基于学生的学习需要——"倍的认识"教学实践与反思[J].教学月刊:小学版(数学),2010(11):42.

[38] 吴萍.将概念理解有效落实在教学中——《倍的认识》教学构想与实践[J].教育研究与评论·小学教育教学,2013(12):59.

[39] 李结云.丰富认知体验,让概念教学腾飞——以"倍的认识"为例谈核心素养背景下概念教学的有效策略[J].数学教学通讯,2020(10):81.

[40] 王凤娟,孔德志."倍的认识"教学设计与反思[J].黑龙江教育:小学版,2015(10):40.

[41] 章颖.读懂学生的"明白",让学习自然生长——以"倍的认识"教学为例[J].教学月刊:小学版(数学),2017(10):20-21.

[42] 郭立军,刘凤伟.从概念同化到概念形成的教学实践研究——以"倍的认识"为例进行的教学实践探索[J].课程·教材·教法,2016(8):73.

[43] 孙惠惠.在操作中感悟 在应用中提升——《倍的认识》教学设计[J].小学教学设计:数学,2016(7):30.

[44] 赵涵菲.深度认知:小学数学概念的重构与建模——以《倍的认识》教学为例[J].小学教

学研究,2019(7):45.

[45] 叶群剑.乘除比翼 "图"长思维——"倍的认识"教学新视角[J].广西教育,2021(1):58.

[46] 张冬梅.体现概念的"精致"过程——从儿童学习心理的角度分析《倍的认识》的教学[J].教学月刊:小学版(数学),2010(7-8):6.

[47] 俞洁文.数形结合 比较归纳 建构概念——人教版教材三年级上册"倍的认识"教学实践与思考[J].小学教学参考:数学,2019(8):71.

[48] 黄金爱.基于图式突出概念本质——例谈特级教师刘松《倍的认识》一课[J].广西教育,2019(4):95.

[49] 张兴华.儿童学习心理与小学数学教学[M].南京:江苏教育出版社,2011:32-33.

[50] 马宇.让儿童在问题情境中建构概念——以"倍的认识"为例[J].小学教学:数学,2019(1):38.

[51] 牛献礼.基于学生立场的深度教学——"倍的认识"教学片段与思考[J].小学数学教育,2021(4):32.

[52] 邱晓军.匠心巧设认识"倍"——钱金铎老师《倍的认识》一课赏析[J].教学月刊:小学版(数学),2006(4):41.

[53] 马云飞."倍的认识"教学纪实与反思[J].黑龙江教育:小学版,2019(19):37.

[54] 王永春.小学数学单元整体设计的理论建构[J].小学数学教育,2021(4):04-05.

[55] 马云鹏,教育部基础教育课程教材发展中心,课程教材研究所.深度学习:走向核心素养(学科教学指南·小学数学)[M].北京:教育科学出版社,2019.

[56] 晁艳玲.怎样借助画图建立倍的模型[J].小学教学:数学,2021(12):55.

[57] 孙佳威,刘翀.以核心概念为主题的单元整体设计——以学生"份、倍、分数"概念的确立为例[J].教学月刊:小学版(数学),2019(7-8):16-18.

[58] 李玉新.数之乐:玩着游戏学数学[M].北京:科学出版社,2017.

[59] 徐品方,徐伟.古算诗题探源[M].北京:科学出版社,2015.

[60] 宋乃庆,张健,蔡晓莉.数学文化读本.三年级上册[M].重庆:西南师范大学出版社,2018.

[61] 李毓佩.数学大世界[M].武汉:湖北科学技术出版社,2017.

[62] 《中国儿童数学百科全书》编委会.中国儿童数学百科全书[M].北京:中国大百科全书出版社,2016.

[63] 宋乃庆,杜文久,于波.自然与数学[M].重庆:西南师范大学出版社,2018.

[64] 晁艳玲.数学作业"倍"好玩[J].小学教学:数学版,2022(2):25-26.

[65] 朱乐平."阅读·思考·交流·发展"主题校本教研新范式——小学数学校本教研的问题分析与对策寻求[J].教学月刊:小学版(数学),2011(5):9-11.